कच्चा पापड़, पक्का पापड़

दमदार टंग ट्विस्टर्स

लेखक

अंशुमान शर्मा
नीलम पाठक

Aegis India PL

Copyright

Cover design: Shubham

Copyright © 2025 by Nilam Pathak and Anshuman Sharma कच्चा पापड़, पक्का पापड़- दमदार टंग ट्विस्टर्स

समर्पण

सुधा शर्मा और रमेश चंद्र शर्मा को समर्पित।

विषयसूची

परिचय

इस पुस्तक का मुख्य उद्देश्य आपको एक बेहतर वक्ता बनाना है। यहाँ दिए गए टंग ट्विस्टर्स आपके उच्चारण को नई ऊँचाइयों तक पहुँचाने में मदद करेंगे। इनके अभ्यास से आप शब्दों को और अधिक साफ़, स्पष्ट और सही ढंग से बोल पाएंगे। जो लोग अपनी बोलने की क्षमता में नयापन और चुनौती चाहते हैं, उनके लिए यह पुस्तक एक उत्तम साधन है।

पुस्तक में दिए गए वाक्यों का बार-बार अभ्यास करने से आप कठिन उच्चारणों पर भी सहजता से काबू पा सकेंगे। ऐसा करने से न सिर्फ आपके बोलने में स्पष्टता और स्थिरता आएगी, बल्कि आपके बोलने वाले अंगों जैसे जीभ, होंठ और आवाज़ के नियंत्रण में भी सुधार होगा।

ये टंग ट्विस्टर्स सिर्फ़ शब्दों का खेल नहीं हैं; ये आपकी बोलने की कला को निखारने का एक प्रभावी तरीका हैं। लंबे और जटिल वाक्यांशों का अभ्यास करके आप अपनी बोलने की क्षमता को बेहतर बना सकते हैं और शब्दों की स्पष्टता बढ़ा सकते हैं।

पुस्तक की रचना इस तरह की गई है कि टंग ट्विस्टर्स को अक्षरों और ध्वनियों के आधार पर अलग-अलग भागों में बाँटा गया है। इससे आप आसान अभ्यासों से शुरुआत करते हुए धीरे-धीरे कठिन अभ्यासों तक पहुँच सकते हैं। यह क्रमबद्धता आपकी प्रगति सुनिश्चित करेगी।

अक्षरों के अभ्यास के अलावा इसमें मिश्रित वाक्यांश भी दिए गए हैं, जो भाषा के जानकारों के लिए भी चुनौतीपूर्ण हो सकते

हैं। इनसे आप ध्वनियों के मेल-जोल को बेहतर ढंग से समझ पाएँगे और अपनी बोलने की कला में निरंतर सुधार कर सकेंगे। यह पुस्तक आपके संवाद कौशल के विकास में लगातार सहायक साबित होगी।

बढ़ती भाषण कुशलता की ज़रूरतों के बीच यह पुस्तक आपके लिए एक अमूल्य सहयोगी बन जाएगी। चाहे आप नये वक्ता हों, भाषाशास्त्री बनना चाहते हों या अपने बोलने के स्तर को ऊँचा उठाना चाहते हों, यह पुस्तक आपके प्रयासों में एक शक्तिशाली साथी होगी।

तो तैयार हो जाइए शब्दों की इस रोचक दुनिया में कदम रखने के लिए, जहाँ हर पन्ना आपको भाषा के नए खेलों और अनोखी चुनौतियों से रूबरू कराएगा। यह अनूठा संग्रह आपके संवाद कौशल को नई बुलंदियों तक पहुँचाने में आपका साथी साबित होगा।

सही तकनीक

दमदार टंग ट्विस्टर्स को सीखने का सही तरीका

दमदार टंग ट्विस्टर्स को प्रभावी ढंग से सीखना सिर्फ़ धैर्य और समर्पण का काम नहीं है, बल्कि इसके लिए एक सही अभ्यास योजना भी ज़रूरी है। इन्हें पूरी तरह से सीखने के लिए सटीकता, दृढ़ता और अनुशासन का सही संतुलन चाहिए। इस सफ़र पर आगे बढ़ने से पहले यह समझ लें कि इस पुस्तक का अधिकतम फ़ायदा कैसे उठाया जाए। यहाँ हम आपके लिए एक चरण-दर-चरण गाइड दे रहे हैं, जो आपके अभ्यास को आसान और लाभदायक बनाएगी।

चरण 1: परिचय और वार्म-अप

धीमी गति पर अभ्यास करें:

- सबसे पहले टंग ट्विस्टर को ज़ोर से, लेकिन हल्की गति से पढ़ें।
- इसे दो बार दोहराएँ, ताकि आप शब्दों, उनके प्रवाह और उच्चारण से अच्छी तरह परिचित हो सकें।
- धीरे-धीरे गति बढ़ाते रहें, लेकिन तब तक उसी धीमी गति पर अभ्यास करें जब तक आप पूरे वाक्यांश को बिना रुके और बिना हकलाए सामान्य गति पर पढ़ने में सक्षम न हो जाएँ।

<u>सामान्य गति पर पढ़ें:</u>

- जब आप धीमी गति पर सहज हो जाएँ, तो अब इसे अपनी सामान्य पढ़ने की गति पर ज़ोर से पढ़ें।
- हर शब्द का उच्चारण साफ़-सुथरा रखें।
- सामान्य गति पर बिना किसी रुकावट के पढ़ने में महारत हासिल हो जाए, तो अगले चरण पर आगे बढ़ें।

चरण 2: गति में वृद्धि

बेहतर उच्चारण और शब्दों पर मज़बूत पकड़ बनाने के लिए अपनी पढ़ने की गति को धीरे-धीरे बढ़ाना महत्वपूर्ण है।

<u>10% गति बढ़ाएँ:</u>

- अब सामान्य गति से 10% तेज़ रफ़्तार पर टंग ट्विस्टर पढ़ें।
- इसे बार-बार दोहराते रहें, जब तक आप बिना अटके और स्पष्टता के साथ इसे पूरा न कर लें।

<u>20% गति बढ़ाएँ:</u>

- अगले स्तर पर अपनी गति सामान्य से 20% तेज़ करें।
- दोहराते-दोहराते, स्पष्ट उच्चारण और प्रवाह बनाए रखें।

<u>30% गति बढ़ाएँ:</u>

- अब अपनी गति सामान्य से 30% तेज़ करके अभ्यास करें।

- अपने बोलने वाले अंगों (जैसे जीभ और होंठ) के सही तालमेल पर ध्यान देते हुए इसे दोहराते रहें।

वैकल्पिक चुनौतियाँ:

- अगर आप और भी कठिन अभ्यास चाहते हैं, तो 40% या 50% तक गति बढ़ाने की कोशिश करें।
- हमेशा ध्यान रखें कि आपको कोई तकलीफ़ न हो और आप सहज रहें।

याद रखने योग्य बातें:

- बोली हमेशा स्पष्ट और उच्चारण सटीक रखें।
- प्रत्येक शब्द पर ध्यान दें, कोई भी शब्द अधूरा या ग़लत न बोलें।
- अभ्यास करते हुए गति और प्रवाह को बनाए रखें, शब्दों को सहजता से बोलें।
- धीरे-धीरे रफ़्तार बढ़ाते हुए भी स्पष्टता और सटीकता पर ध्यान देना न छोड़ें।

इस अनुशासित अभ्यास पद्धति से आप दमदार टंग ट्विस्टर्स का असली लाभ उठा पाएँगे। लगातार अभ्यास, उचित गति-बंधन और साफ़ उच्चारण आपकी बोली में नया आत्मविश्वास और दम भरेंगे। चुनौतियों का आनंद लें, और इन टंग ट्विस्टर्स को अपनी वाक्पटुता और स्पष्ट अभिव्यक्ति की बुलंदियों तक पहुँचने में साथी बनने दें!

क

किरण के किरदार का कारवां किस्सों में कभी न कम,

किरदारों की किरणों में कारवां की कहानियाँ कमाल।

किरदारों का किरण से कारवां किस्मत का कलाम,

किरण के किरदार में कारवां की कलाकारी का कमाल।

##

कृष्ण के क्रिकेट के करतब किसी से कम नहीं,

कठिन कैच को कैसे भी करके कब्जे में करें।

कलाई की कमाल का करिश्मा करते क्रिकेट में,

कंगारुओं के क्षेत्र में क्रिकेट का कमाल करें।

##

क्रांति के क्रम में क्रियान्वित क्रियाकलाप का क्रमशः क्रियान्वयन,

क्रोध में क्रमबद्ध क्रियाओं का क्रियात्मक क्रांतिकारी क्रियान्वित क्रायिकता।

क्रीड़ागणों में क्रीड़ाजीवी क्रीड़न का क्रमिक क्रियासिद्ध क्रीड़ाकौशल,

क्रासिंग पर क्रियाशील क्रियापदों का क्रमबद्ध क्रायिक
क्रियावली क्रम।

##

कल की कहानियों में काले कागज़ की कल्पना,
कमल के कोमल कलियों का काव्यमय करिश्मा।
किनारे की कश्तियों में किस्मत का कसौटी,
कल्पनाओं के कारवां में कामयाबी की कठिनाई।

##

काँटों की कड़वाहट में कामधेनु का करार,
करुणा के कारण कालिया का कर्णप्रिय कारवां।
कविता की कलम से कलाकार का कर्तव्य,
कांच की किरचों में कसकती कसक का करार।

##

कविता के काव्य कल्पना कलाकृति, काव्य कल्पना कलाकृति
कविता के,
कविता का काव्य कल्पना से कलाकृति कृति, काव्य कलाकृति
कविता की कल्पना।
कविता काव्य कल्पना कलाकृति को करे कला,
काव्य कल्पना कलाकृति कविता करे कला।

कुंज कुमुदिनी कुलाचें कुर्ला कुंभ कुशल कुम्हार कुतूहल,

कुमुदिनी कुलाचें कुर्ला कुंभ कुशल कुम्हार कुतूहल कुंज,

कुलाचें कुर्ला कुंभ कुशल कुम्हार कुतूहल कुंज कुमुदिनी,

कुर्ला कुंभ कुशल कुम्हार कुतूहल कुंज कुमुदिनी कुलाचें।

कलकल कलरव कलाई कंगन कायनात करामाती कारवां,

कलरव कलाई कंगन कायनात करामाती कारवां कलकल,

कलाई कंगन कायनात करामाती कारवां कलकल कलरव,

कंगन कायनात करामाती कारवां कलकल कलरव कलाई।

कक्षा कक्ष क्रिया कलाप कौशल कठिनाई कमल कनक,

कक्ष क्रिया कलाप कौशल कठिनाई कमल कनक कक्षा,

क्रिया कलाप कौशल कठिनाई कमल कनक कक्षा कक्ष,

कलाप कौशल कठिनाई कमल कनक कक्षा कक्ष क्रिया।

क्षार कुमकुम क्षचित क्षांरी क्षाहिशों का क्षाब कुनबा,

कुमकुम क्षचित क्षांरी क्षाहिशों का क्षाब कुनबा क्षार,

क्षचित क्षांरी क्षाहिशों का क्षाब कुनबा क्षार कुमकुम,

क्लांरी क्लाहिशों का क्लाब कुनबा क्लार कुमकुम क्लचित।

##

कंकड़ कंचन कामना कर कुंजन के कारन कान्हा,

कंचन कामना कर कुंजन के कारन कान्हा कंकड़,

कामना कर कुंजन के कारन कान्हा कंकड़ कंचन,

कर कुंजन के कारन कान्हा कंकड़ कंचन कामना।

##

काली कागज की कलम से काव्य कथा कहानी कहे,

कागज की कलम से काव्य कथा कहानी कहे काली।

की कलम से काव्य कथा कहानी कहे काली कागज,

कलम से काव्य कथा कहानी कहे काली कागज की।

##

कविता के कलम कागज काव्य कलाकार की कृति कहानी,

कलम कागज काव्य कलाकार की कृति कहानी कविता के।

काव्य कलाकार की कृति कहानी कलम कागज कविता के,

कृति कहानी काव्य कलाकार की कविता के कलम कागज।

##

कृष्णा कृति कृषक कृपा कृष्ण कृष्णावतार कृषि कर्म,

कृति कृषक कृपा कृष्ण कृष्णावतार कृषि कृष्णा कर्म।
कृषक कृपा कृष्ण कृष्णावतार कृषि कर्म कृष्णा कृति,
कृपा कृष्ण कृष्णावतार कृषि कर्म कृष्णा कृति कृषक।

##

काक कपिल काले कवच कंकाल कसके कसाई कसई,
काले कवच कंकाल कसके काक कपिल कसई कसाई।
कंकाल कसके काले कवच काक कपिल कसाई कसाई,
कसाई कसाई काक कपिल काले कवच कंकाल कसके।

##

कमल किशोर कमाल करे कैमरे की कलाकारी में,
कैमरे की कलाकारी कमल किशोर कमाल करता।
कलाकारी कमल किशोर कैमरे में कमाल करे,
कमल किशोर कैमरे की कलाकारी में कमाल।

##

कृष्ण कन्हैया की कला कौशल कमाल,
कृष्ण कन्हाई करतूतें काली कमली में।
कर्ण कृष्ण के कारण कृतज्ञ,
कृष्ण की कृति कौशल कालजयी कहानी।

##

क्रिक्रिया क्रम कुशल कुमार की,
कृष्ण कन्हैया की क्रीड़ा भाए।

##

कच्चे कपड़े काच के कपाट में, काच के कपाट में कच्चे कपड़े,
काच के कपाट में कच्चे कपड़े, कपड़े कच्चे काच के कपाट में।

##

कठिन कलाकृति के कारण कारीगर का कल्पनाशील कौशल,
कौशल कल्पनाशील का कारीगर कारण के कठिन कलाकृति,
कारण कारीगर का कल्पनाशील कौशल, कठिन में कलाकृति।

##

कुछ कुनमुनाते कुत्ते कुंडली मार के बिना कारण कुलाचें भरते,
कपिला की काली कुर्सी के करीब किरणों का कमाल दिखता,
कमाल का किरणों कुछ कुनमुनाते कुत्ते, कुंडली मार के कुलाचें।

##

कक्षा में कक्कड़ की कारकिर्दी, कलकत्ता में कागज़ का कारवां,
कठिन कसौटी पे कसमसाते कदम, कलम की कसक कथा का कहर,

कहर कठिन कसौटी पे कसमसाते, कदम कलम की कसक
कथा का।

##

काका के कमरे की कुंजी काकी के कंगन के करीब कहीं,
काजू के कमरे की कुंजी काका, काकी के कंगन के करीब कहीं,
करीब कहीं के कमरे कुंजी, काका काकी के कंगन की।

##

काका की काली कमीज काले कमरे में कहीं कोने में,
काली कमीज काका की, काले कमरे में कहीं कोने में,
काले कमरे में काका की काली कमीज़ किसी कोने में

##

कृष्ण कन्हैया की कृपा क्रमशः,
क्रमशः कृष्ण कन्हैया के क्रीड़ा,
कृपा क्रीड़ा कृष्ण कन्हैया की,
कन्हैया क्रीड़ा कृष्ण की कृपा।

##

किशन की किचकिची किटकिट से किरण कुढ़ी,
किचकिची किटकिट किशन की, किरण को किरकिरी,
किशन किचकिच, किरण कुढ़ी, किटकिट किचकिची।

##

काका की कलम के कागज़ पर काव्य कल्पना की कलाकारी,

कागज़ पर काका की कलम के, काव्य कल्पना कलाकारी,

काव्य कल्पना की कलाकारी, काका की कलम के कागज़ पर।

ख

खगोल के खजाने में खोजी खगोलशास्त्री का ख्याति,

खिलखिलाते खेतों में खुशहाली का खुमार खिला।

खामोशी के खंडहर में खोये खजाने की खोज,

खुद की खोज में खुले खिड़की से खुलता खिलना।

##

खास ख्यालों में खिंची खुशियों की खूबसूरत खाका,

खुशबू से भरे ख्वाबों की खिड़कियाँ खोले खिलखिलाते।

खिलाड़ियों की खुशी में खेल का खुला खजाना,

खोजते खोजते खुद में खोजी की खुदगर्जी का खेल।

##

खगोल की खोज में खोए खग खगोलशास्त्री,

खिलखिलाते खेतों में खरगोशों की खुशी।

खुद की खोज में खुली खिड़कियों का खजाना,

खामोशी के खेल में खिलखिलाता खिलौना।

##

खुशबू की खेती में खिलते खुशबुदार ख़्वाब,
खुरदरी खालों में खुलते खूबसूरत ख्याल।
खजाने की खोज में खड़ी खुराक की खिलाफत,
खूनी खेल में खोई खुदाई की खुद्दारी।

##

खग की खोज में खरामा-खरामा खड़े,
खामोशी से खिलखिलाते खजाने खोले।
खिड़की से खिलती खुशियों का खजाना,
खुद की खोज में खाली खतों का खेल।

##

खिलाड़ी की खुशी का खजाना खिला,
खास खबरों की खिचड़ी में खलबली।
खुद के खयालात में खोये खलासी,
खुशबू की खोज में खिले खिलौने खोले।

##

खड़क सिंह के खड़कने से, खड़कती हैं खिड़कियां,
खिड़कियों के खड़कने से, खड़कता है खड़क सिंह।
खिड़कियां खड़कतीं तब, खड़क सिंह खड़कता,
खड़क सिंह की खड़क से, सबका दिल खड़कता।

##

खगोल के खजाने में खोजी खग का खेल,
खाकी खिड़की से खिलती खुशबू का खिलवाड़,
खंडहर की खामोशी में खड़े खड़ग संग खेलें,
खुरदरे खेतों में खूब खुदाई करते खुराक।

##

खग के खेल में खुदरा खिलौनों का खजाना,
खिचड़ी के खिलाफ खिलती खुशियों की खिलचाट,
खुद की खोज में खुबसूरत खयालों का खेमा,
खिड़की से खदेड़ दें खलिहान के खतरे।

##

खुमारी की खूबसूरती में खूब खाते खजूर,
खुले खतों में खता की खटपट का खुलासा,
खुद्दार खिलाड़ी की खुदरात में खूबसूरत खिलावट,
खनकते खिलौने खगोलीय खिड़कियों में खोजे खिलौना।

##

खरगोश के खुराक के खतरनाक खयालात,
ख़बरों की खोज में खलबली मची खास,

खिलाड़ी की खुशी में खुमारी छा गई ख़ास,
खुले खेतों में खेलते खरगोश के खड्ग।

##

खजाने की खोज में खो गए खोजी खरीददार,
खनिजों के खेल में खुलती कभी ना खिड़की,
खामियों को खोजते खोजते खो दिया खुद को,
खुदरात के खजाने में खासियत से खिले खग।

##

खोदते खोदते खड़ी खाक,
खड़ग खंड की खड़ी खड़ी खिड़की,
खाली खचाखच खाने की खाट,
खुद खाई में खोया खजूर।

##

खरगोश की खूबी की खोज,
खेत खोद के खजाना खोजें,
खुले खातों की खटपट खत्म,
खरचने की खासियत खरीदी।

##

खिलौने से खेले खिलवाड़ी खरगोश,
खड़के खिड़की से खाता हर खासी,
खिचड़ी के खिलाफ खाली पेट खान,
खामोशी का खेल खेले खूब खिलाड़ी।

##

खड़गसिंह के खूबसूरत खिलवाड़ में,
खजूरों की खिचड़ी खाकर खो गए,
खासकर खनिज खोजने की खुशी में,
खुशियों का खजाना खोले खुदरात।

##

खुदावाई की खुदाई खगोल में खोजी,
खानाबदोश की खाली खोह में खूबसूरती,
खिलाफत में खबरों की खिचड़ी खाने,
खंडित खुशहाली का ख़्वाब खिला।

##

खेमे में खुशबू के ख़ास खिलौने,
खेतों में खिलते हुए खड़गसिंह के ख्वाब,
खोजी खरगोश की खोई खुशियों का खजाना,
खुदकुशी की खबरें खाक में खो गईं खराब।

##

खानापूर्ति के खतरे में खास खुदावंद,
खुरचन खाने के खिलाफ खिड़की खोली खलबली,
खुदरा खरीददारी की खर्चीली खुशी का खोखला ख्याल,
खिलची खाल में खिली खुशबू से खुशहाली का ख़तरा।

##

खाद्य की खोज में खोदा खजूर का खजाना,
खाकी खुफिया खबरों का खंजर खोले खून,
खराब खस्ता में खानसामा की खानपान का खजाना,
खबरदार की खबरों से खड़ी खड़ी खुदी खिड़की।

##

खुराक के खिलाफ खड़े खड़काते खुले खाली खेत,
खुरचनी की खासियत में खुजलाते खरगोश का ख्याल,
खाने की खुशबू से खालिस खिलते हुए खिलखिलाते खूंटे,
खटकते खतों में खतरनाक खिलौनों का खामियाज़ा।

##

खगोल की खिड़की से खोजते खरगोश की खुदाई,
खुदराती खेलों की खूबसूरत खुशी में खिलखिलाना,

खोदे गए खड़गों में खोजी गई खराब खबरों का खुलासा,
खनकते खजाने की खुशी में खलबली मच गई खूब।

##
खेल खेल में खुशियों का खजाना,
कठिनाई को करतब में बदल जाए।
खगोल खजाना खोजते खिलाड़ी,
खुशियों का खजाना खुलके खाए।

ग

गीता की गुलाबी गेंदें गार्डन में गूँजे गीत संग,

गेंदों की गुलाबी गोलाई में गीता के गीत गुणगान।

गुलाबी गेंदें गूँजती गलियों में गीता के गीतों के संग,

गार्डन की गुलाबी गलियाँ गीता की गेंदों से गुलज़ार।

##

गोविंद के गोबर गोले गाँव में गूंजे गंभीर,

गोबर के गोले गोलाई में गोविंद गर्वित गाए।

गोबर गोलों की गंध में गोविंद का गाँव गुलज़ार,

गोबर गोलों का गोविंद ने गंभीरता से गठन किया।

##

गोपाल की गोल गप्पे की गली गुलजार गुंजायमान,

गप्पे की गोली में गुणवत्ता का गठजोड़ गोपाल गढ़े।

गोल गप्पे की गोलाई में गजब का ग़म गोपाल भरे,

गली के गलीचे पे गोपाल के गोल गप्पे गल्ले गूँजे।

##

ग्रामीण ग्रहों के ग्राम्य ग्रंथों में ग्राह्य ग्रन्थना,
ग्रहणीय ग्रंथालय में ग्रहणशील ग्रंथों का ग्राहक ग्राह्यता।
ग्रीष्म ग्राम में ग्रामवासियों का ग्राम्य ग्रहस्थी ग्रहण,
ग्राम्य ग्राह्यता में ग्रंथावली का ग्रहणशील ग्रंथन क्रिया।

##

ग्यान के ग्यारह ग्योरे में ग्यानी का ग्यान गूंजे,
ग्यालरी की ग्यात्राओं में ग्यानवान की ग्याहरी गूँज।
ग्याहरी गूँज में ग्यान की ग्यालक ग्यालक्यता,
ग्यानपीठ की ग्याता में ग्यानिक ग्यान का ग्यानोत्सव।

##

ग्यानदान का ग्यानामृत में ग्यानी का ग्यानोदय,
ग्यानराजी की ग्यानगंगा में ग्यानवापी का ग्यानजल।
ग्यानलोक के ग्यानधारी में ग्यानी का ग्यानाग्यार,
ग्यानशाली के ग्यान में ग्यानशीलता का ग्यानगर्भित ग्यान।

##

गलियों के गुनगुनाते गीतों में गाँव की गल्प-गाथा,
गुलमोहर के गुच्छों में गुलाबों का गंध गहराता।
गगनचुंबी गिरियों का गर्जन गूँजे गहराई में,
गहन गुफाओं में गुप्त गाथाएँ गुंजित होती गायन में।

##

गरीबों की गुहार में गरिमामयी गर्वित गाथा,
गुरु की गुरुता में गुणगान की गायकी गवाही देता।
गोदावरी के गोतों में गुंजारित गीतों का गठजोड़,
ग़म के गुबार में भी गाने का गौरव गर्व से गूँजता।

##

गगन में गूँजते गीतों का गला गलाया,
गुलाबों के गलीचे पर गुणगान गाया।
गरिमा के गठबंधन में गहराई गहराई,
गवाह बने गालिब की गजलों की गायिकी।

##

गिरगिट की गतिविधियों में गहन गुप्तज्ञान,
गुफाओं में गुंजार गूंजे गहरा गंभीर।
गलतियों के गलियारे में गुज़रता गालिब,
गावता गीत गज़लों का, गाथा गहरी।

##

गौरव के गणितीय गूढ़ गवेषणा, गणितीय गूढ़ गवेषणा गौरव के,
गौरव का गवेषणा गणितीय गूढ़ता से गरिमामय, गूढ़ गवेषणा गौरव का गणितीय।

गौरव गणितीय गूढ़ गवेषणा गढ़ने गया, गणितीय गूढ़ गवेषणा गौरव गढ़ने गया।

##

गीतिका के ग्रंथालय गुप्त गवेषणा, ग्रंथालय गुप्त गवेषणा गीतिका के,

गीतिका का ग्रंथालय गुप्त गवेषणा से गहन, गुप्त गवेषणा गीतिका के ग्रंथालय।

गीतिका ग्रंथालय में गुप्त गवेषणा गढ़े, ग्रंथालय में गुप्त गवेषणा गीतिका गढ़े।

##

गौरी के गुलाबी गुलमोहर गार्डन में, गुलाबी गुलमोहर गार्डन में गौरी के,

गौरी का गार्डन गुलाबी गुलमोहर से गुलज़ार, गुलमोहर गौरी के गार्डन में गुलाबी।

गौरी गुलाबी गुलमोहर गार्डन में गुलज़ार, गार्डन में गुलमोहर गौरी गुलाबी गुलज़ार।

##

गिरीश की गिलहरियों का गाना, गिलहरियों का गाना गिरीश की,

गिरीश का गाना गिलहरियों के संग, संग गिलहरियों के गिरीश का गाना।

गिरीश गिलहरियों के संग गाना गाए, गिलहरियों के संग गिरीश गाना गाए।

##

गौरव के गोल गुब्बारे, गोल गुब्बारे गौरव के,

गुब्बारे गौरव के गोल गोल, गोल गोल गुब्बारे गौरव के।

गौरव गोल गुब्बारे गोद में गुदगुदाए, गोल गोल गुब्बारे गौरव गोद में गुदगुदाए।

##

गोल गप्पे की गोली गोपाल ने गोली,

गोल गप्पे की गोली गप्प से गोली।

गोपाल की गोली गोल गप्पे पर,

 गोल गप्पे गोल गोल गोपाल ने गोली।

##

गर्ग गृहस्थी गरिमा गहन गठजोड़ गणित गजब गहराई,

गृहस्थी गरिमा गहन गठजोड़ गणित गजब गहराई गर्ग,

गरिमा गहन गठजोड़ गणित गजब गहराई गर्ग गृहस्थी,

गहन गठजोड़ गणित गजब गहराई गर्ग गृहस्थी गरिमा।

##

गगन गलियों में गूंजे गीत गहरी गुफाओं गुमान गुलाब,

गलियों में गूंजे गीत गहरी गुफाओं गुमान गुलाब गगन,

गूंजे गीत गहरी गुफाओं गुमान गुलाब गगन गलियों में,

गीत गहरी गुफाओं गुमान गुलाब गगन गलियों में गूंजे।

##

गगन गोविंद गीत गुंजित गुलाब गली गहराई,
गोविंद गीत गुंजित गुलाब गली गहराई गगन,
गीत गुंजित गुलाब गली गहराई गगन गोविंद,
गुंजित गुलाब गली गहराई गगन गोविंद गीत।

##

गुंजित गूँज गगन गहराई गुलाबी गीत गाये गाँव,
गूँज गगन गहराई गुलाबी गीत गाये गाँव गुंजित।
गगन गहराई गुलाबी गीत गाये गाँव गुंजित गूँज,
गहराई गुलाबी गीत गाये गाँव गुंजित गूँज गगन।

##

गौरी गाय गले गुलाब गोदावरी गूँजे गीत गंभीर,
गाय गले गुलाब गोदावरी गूँजे गीत गौरी गंभीर।
गुलाब गोदावरी गूँजे गीत गंभीर गौरी गाय गले,
गूँजे गीत गंभीर गौरी गाय गले गुलाब गोदावरी।

##

गोपाल गोबर गाय गली गुजरते गुनगुनाए,

गली गुजरते गाय गोपाल गोबर गुनगुनाए।
गुजरते गली गाय गोपाल गोबर गुनगुनाए,
गुनगुनाए गोपाल गोबर गाय गली गुजरते।

##

गंभीर गोपाल गणित गुरु गगनचुंबी गरिमा,
गणितीय गरिमा गोपाल गंभीर गणितज्ञ।
गुरु गणित गोपाल गगनचुंबी गरिमा गंभीर,
गणितज्ञ गोपाल गुरु गंभीरता गगनचुंबी।

##

गोल गोल गोपाल गोलगप्पे गटके,
गुजरे गली गली गुटके गटक गटके।
गुणवत्ता गजब की, गटक गोपाल गदगद,
गोलगप्पे गुलजार, गली गली गुनगुनाए।

##

गुरु गृहिणी गूढ़ ग्रंथों की गाथा,
गंभीर गुणों की गरिमा गाए।

##

गुड़ गया गुंडा गली में, गली में गुंडा गुड़ गया,

गली में गुड़ गया गुंडा, गुंडा गली में गुड़ गया।

##

गुनगुनाते गौरवशाली गुलाब गुल्मों में गर्व से खिले,

गंगा के घाट पर गोपाल गोदान कर गया गाव के गुरुजी,

गाव के गुरुजी गंगा के घाट पर गोपाल, गोदान कर गया गुनगुनाते।

##

गगनगिरि गाँव में गुगली गेंद की गूँज, गुमशुदा गुलाबों का गीत,

गहरे गुफाओं में गुंजायमान गुबार, गुमसुम गुड़िया का गम,

गम के गहरे गुफाओं में, गुंजायमान गुबार, गुमसुम गुड़िया।

##

गोलू के गुल्लक में गिलहरी गुलगुले गोली गुपचुप गुजरे,

गुल्लक में गिलहरी गोलू के, गुलगुले गोली गुपचुप गुजरे,

गुपचुप गुजरे गुल्लक में गिलहरी, गोलू के गुलगुले गोली।

##

गोपाल के गोल गप्पे गोरी गली में गजब गुनगुनाते,

गोरी गली में गोपाल के, गोल गप्पे गजब गुनगुनाते,

गजब गुनगुनाते गोल गप्पे, गोरी गली में गोपाल के।

##

गोलू के गोल गोबर के गोले,

गोबर के गोले गोलू के,

गोलू का गोबर गोल गोले,

गोले गोबर के, गोलू के गोल।

##

गोपी का गाँव गोलगप्पे से गुलज़ार,

गोलगप्पे से गुलज़ार गोपी का गाँव,

गोपी गोलगप्पे गुलज़ार, गाँव गुलज़ार।

##

गुल्लू के गुलगुले गोल गोल गुलजार गली में गए,

गोल गुलगुले गुल्लू के, गुलजार गली में गए,

गुलजार गली में गोल गुलगुले, गुल्लू के गए।

##

गोपाल के गोभी के गरम गुलगुले गजब गुणकारी,

गोभी के गरम गुलगुले गोपाल के, गजब गुणकारी,

गजब गुणकारी, गोपाल के गोभी के गरम गुलगुले।

घ

घने घाटियों में घूमते घुमक्कड़ की घोषणा,
घमंडी घोड़े के घोर घाव घरेलू घाट पर घटा।
घड़ियाल की घड़घड़ाहट में घनघोर घुलावट,
घुलती घटाओं में घूमते घास का घरेलू घालमेल।

##

घर के घरौंदे में घरेलू घटनाओं का घमासान,
घायल घातक की घात में घनिष्ठ घावों का घेरा।
घूंघट की घाल में घुमावदार घटनाओं की घटा,
घरौंदों की घुलनशीलता में घुलती घरेलू घटाएँ।

##

घनश्याम के घराने में घमंडी घोड़े का घमासान घटा,
घाटी के घनेरे घास में घूमते घरेलू घुमक्कड़ का घर बसा।
घड़ियाल की घरघराहट में घूलर के घने घाव घुले,
घूमते घुमक्कड़ की घिनौनी घटनाओं का घटक घटित हुआ।

##

घरेलू घटकों का घनत्व घटाते घड़ी की घटना घूर्णन में घिरी,

घाट पर घटित घटनाओं की घातक घुसपैठ घनघोर घाती में घूली।

घनश्याम के घनघोर घमंड का घटाटोप घूमते घुमक्कड़ ने घटाया,

घाटी के घास में घूमते घुमक्कड़ की घटनाएँ घरेलू घातक को घेरे।

##

घूमे घनश्याम घनघोर घटा में घिरते घुमड़ते घन घनाघन,

घनघोर घटा में घिरते घुमड़ते घूमे घनश्याम घन घनाघन।

घिरते घुमड़ते घनघोर घटा में घूमे घनश्याम घन घनाघन,

घन घनाघन घूमे घनश्याम घनघोर घटा में घिरते घुमड़ते।

##

घर के घुमावदार घाटियों में घूमते घोड़े घास घपाघप,

घास घपाघप घूमते घोड़े में घाटियों के घुमावदार घर,

घाटियों में घूमते घोड़े घास घपाघप, के घुमावदार घर।

##

घर के घेरे में घूमते घराने के घोड़े,

घास पर घुमावदार घूमर घुमाए घने,

घटना की घड़ी में घुलता घोल घमंडी,

घाघरा में घिरे घिरनी सी घूमती घटाएँ।

\#\#

घड़ी की घंटी बजे घरघराते घुलमिल,
घायल घोड़ा घूमे घनघोर घाटी में,
घर की घात में घातक घटक के घाव,
घनीभूत घुसपैठिये की घिनौनी घुसपैठ।

\#\#

घुमंतू की घूमती घड़ियाँ घाट पर,
घटती घटनाओं का घर्मरार घुलता घूल,
घर के घालमेल में घुटने टेके घास फूस,
घोर घटाटोप में घटित हुई घटाटोप घटना।

\#\#

घाटी के घराने में घाट के घुमावदार,
घने घास के घेरे में घूमता घायल घोड़ा,
घटनाक्रम का घटाना घटता घड़ी घड़ी,
घबराहट में घुसपैठिये की घुली घिनौनी घुट्टी।

\#\#

घुलने लगे घोल में घर के घातक घाव,

घासिल घटनाओं का घालमेल घुमेरे,
घूमते घुमावदार घोड़े का घरघराहट,
घाघरा घटाटोप में घुलती घटित घटाएँ।

##

घरानों की घड़ियों में घूमते घुमक्कड़,
घनघोर घाटियों में घाटी के घुमाव,
घूर्णन की घोषणा में घिरे घने घुमंतू
घटाटोप घटना की घुलनशील घटाएं घालमेल।

##

घुमावदार घुमंतू का घर घुला घोल में,
घायल घात की घड़ी में घास का घालमेल,
घूम घूम के घुमावों का घटित घटनाक्रम,
घाट के घाटी में घर्मरार घुलते घोल।

##

घाघरा में घुसे घाघ के घराने के घर्म,
घास फूस की घाटी में घरघराते घुलमिल,
घोड़े के घुर्राते घालमेल में घनघोर घटनाएँ,
घटते घटनाक्रम का घुलावटी घड़ी का घूमन।

##

घड़ियाल के घर में घटा घुलने का घंटा,

घने घात में घुसे घोल के घुलासे,

घाघ घटियाले की घरघरी घटनाओं का घटाटोप,

घुसपैठिये की घुमावदार घटनाओं का घालमेल।

##

घर के घेरे में घुमावदार घुलासा घूमे,

घोर घटना के घातक घटनाक्रम में घायल,

घर्घर के घंटे घटित होते घने घटाटोप में,

घबराये घराने में घुलमुल करते घास फूस।

##

घरों के घेरे में घुमावदार घटाटोप,

घटक घड़ी की घूँट पी घटा घिरी घटनाएँ,

घुमावों का घनघोर घमासान घर में घर कर,

घर्घराती घाटी में घनीभूत घोल का घूमर।

##

घासीपुर के घराने का घायल घुमंतू घोड़ा,

घूमती घड़ियाँ घुमक्कड़ की घुमावदार घाटियों में,

घने घोर अंधेरे में घटित हुई घुसपैठ,

घाव घर में घुटन के घेरे में घिरे घाघ।

##

घाटी के घेरे में घने घावों का घमासान,

घूमते घोड़े की घोर घटना घाट पर घटी,

घाटी में घटक की घड़ी घुमाई गई घनघोर,

घबराते घायलों का घमासान घटित घड़ियों में।

##

घोषणापत्र की घोर घटनाओं का घटाटोप,

घर्घर की घड़ियों में घिनौनी घुसपैठिया घटना,

घुसपैठ की घटना घटाटोप में घुलती घटाएँ,

घुमावदार घटनाक्रम में घने घोल का घराना।

##

घुमंतू की घुमावदार घूमने की घड़ियाँ,

घरों की घड़ी घरघराती घायल घोड़ा घुमावदार,

घड़ी के घने घोल में घुसे घराने की घबराहट,

घाट के घासीपुर में घुमक्कड़ की घुलमुल घटना।

ङं

घनघोर घाटी में घुमते ङ्गरङ्ग,
घुलता घोल ङकार का ङघनघनाता,
घरघराते घोड़े की घोषणा ङ्गार में,
घाटी के घालमेल में घूमर ङ्खरङ्ग।

##

ङ्गरङ्ग की घड़ियाँ घूमें घने घास में,
घाटी की घटना में घुसपैठ घूमता घोल,
घटता घुमावदार घुमंतू का घूर्णन ङ्खरङ्ग,
घरघराती घड़ियों की घनघोर ङ्गरङ्गारी।

##

घास फूस में घूमते घोड़े का घुलमिल घूमर,
घराने के घुमाव में ङ्गरङ्ग की घुमावदारी,
घुटने टेकते घुसपैठिये की घूमती घुमाई,
घूमता घूल में घोर घटाटोप का ङकारी।

##

घालमेल में घुलते घोल की घनघोर घटना,
घुमक्कड़ की घुमाई में घूमर का ङःघाट,
घाट पर घटती घटनाओं का घोल घुलासा,
घर की घड़ियाँ घूमती ङःखरङः की घात।

##

घुमावदार घाटी की घरघराती घटना,
घास के घावों में घोर घटित ङःगरङः,
घूमर का घूलना घुसपैठिये के घुटने,
घाटी के घर में घटाटोप का घूल ङःघनाया।

च

चंदु के चाचा ने
चंदु की चाची को
चांदनी चौक में
चांदी की चमची से
चटनी चटाई।

##

चिराग की चित्रकारी में चित्रों की चमक चिरंतन,
चित्रकला में चिराग का चित्ताकर्षक चित्रण चिंतनीय।
चित्रकार चिराग की चित्रकला चौकस चिन्हित चर्चित,
चित्रों में चिराग की चिरस्थायी चित्ताकर्षण चिराग की चाह।

##

चंदा की चिकनी चादर चाँदनी रात में चमके,
चाँदनी की चादर में चंदा चारों ओर चमचमाए।
चादर की चिकनाई में चंदा की चमक चिरंतन,
चंदा की चादर चाँदनी रात में चित्ताकर्षक लगे।

##

चंचल चिड़ियाँ चमचमाती चमेली चुने,
चहचहाती चारों ओर चुग्गा चुगने।
चक्कर लगाए चिकनी चाँदनी में चुपके से,
चमकीले चाँद के नीचे चुनौतियाँ चुने।

##

चकाचौंध की चमक में चाँदनी चाँद का चमत्कार,
चंचल चितवन में चिराग़ों का चित्रमय चित्ताकर्षण।
चाचा की चाय में चीनी की चाशनी चमकीली चमचम,
चपलता से चलते चरणों का चंचल चाल चित्त में चहक।

##

चिंतन की चिंगारी में चित्ताकर्षक चिंतामुक्त चित्रण,
चुपके से चुराए चटनी में चुंबकीय चकीले चकोर की चाहत।
चादर की चारों ओर चहल-पहल में चार चाँद लगाना,
चित्रकला के चितेरे चित्र में चित्त की चाहत चित्रित करें।

##

चंचल चितवन में चाँदनी चमकी,
चरणों में चाँद का चित्र चित्रित चमका।
चक्रवात की चाल में चकित चराचर,

चारों ओर चहचहाते चिड़ियों का चाव चहका।

##

चाहत की चिंगारी में चिंतन की चादर,

चुप्पी के चाबुक से चिंता का चक्रव्यूह चरमराया।

चार दिशाओं में चापलूसी का चर्चा चरम पर,

चतुर चालाकी से चमत्कार का चमन चमकाया।

##

चेतन के चिकित्सा चतुराई चर्चा, चिकित्सा चतुराई चर्चा चेतन के,

चेतन का चर्चा चिकित्सा चतुराई से चिंतनशील, चतुराई चर्चा चेतन की चिकित्सा।

चेतन चिकित्सा चतुराई चर्चा चालित,

चिकित्सा चतुराई चर्चा चेतन चालित।

##

चिराग के चित्रकला चौकसी चमत्कार, चित्रकला चौकसी चमत्कार चिराग के,

चिराग का चमत्कार चित्रकला चौकसी से चित्ताकर्षक, चौकसी चमत्कार चिराग की चित्रकला।

चिराग चित्रकला चौकसी चमत्कार चित्रित,

चित्रकला चौकसी चमत्कार चिराग चित्रित।

##

चिंटू की चिकनी चिमनियाँ, चिकनी चिमनियाँ चिंटू की,

चिंटू की चिमनियाँ चिकनी, चिकनी चिमनियाँ चिंटू चमकाए।

चिंटू चिमनियाँ चिकनी चमकाए,

चिकनी चिमनियाँ चिंटू चमकाए।

##

चंदु के चाचा ने, चंदु की चाची को,

चांदी के चमच से, चटनी चटाई।

चंदू ने चटनी वो चटकारे से चाटी,

चंदु के चाचा चकोर की चाल में आया।

##

चिंटू चाचा चटनी चखे चक्कर चालाकी चमकीले चिराग,

चाचा चटनी चखे चक्कर चालाकी चमकीले चिराग चिंटू,

चटनी चखे चक्कर चालाकी चमकीले चिराग चिंटू चाचा,

चखे चक्कर चालाकी चमकीले चिराग चिंटू चाचा चटनी।

##

चंचल चितचोर चित्र चिंतन चीर चिराग चौराहा,

चितचोर चित्र चिंतन चीर चिराग चौराहा चंचल,

चित्र चिंतन चीर चिराग चौराहा चंचल चितचोर,

चिंतन चीर चिराग चौराहा चंचल चितचोर चित्र।

##

चित्रकार चित्रित चित्र चिरंतन चिंतन चकित चकोर,
चित्रित चित्र चिरंतन चिंतन चकित चकोर चित्रकार।
चिरंतन चिंतन चकित चकोर चित्रकार चित्रित चित्र,
चिंतन चकित चकोर चित्रकार चित्रित चित्र चिरंतन।

##

चटपट चाचा चक्रवर्ती चटनी चखे चाव से,
चक्रवर्ती चटनी चखे चाव से चटपट चाचा।
चटनी चखे चाव से चटपट चाचा चक्रवर्ती,
चखे चाव से चटपट चाचा चक्रवर्ती चटनी।

##

चंचल चितवन चित्रकार चित्रित चित्र चिरंजीव चिंतन,
चितवन चित्रकार चित्रित चित्र चिरंजीव चंचल चिंतन।
चित्रकार चित्रित चित्र चिरंजीव चिंतन चंचल चितवन,
चित्रित चित्र चिरंजीव चिंतन चंचल चितवन चित्रकार।

##

चंचल चित्रकार चित्र चितेरे चिपके चिकनी चिपचिपी चीज,

चित्र चितेरे चिपके चिकनी चिपचिपी चंचल चित्रकार चीज।

चिपके चिकनी चिपचिपी चित्र चितेरे चंचल चित्रकार चीज,

चीज चंचल चित्रकार चित्र चितेरे चिपके चिकनी चिपचिपी।

##

चंचल चित्रकार चित्र चितेरे चातुर्य से,

चित्रांकन चातुर्य चित्रकार चंचल चितेरे।

चातुर्यपूर्ण चित्रकला चंचल चित्रकार,

चितेरे चित्र चातुर्यपूर्ण चंचलता से।

##

चपल चिपलू चचा चाची चुनरी चुराए,

चाची चकित, चचा चपलता से चिढ़ाए।

चुनरी चिन्हित, चचा चाची चिपलू चुनावे,

चाची चुनरी चहके, चचा चिपलू चुराए।

##

चंद चंचल चित्रकार

चंद चंचल चित्रकार चित्र चितेरे,

चित्र में चंदा चितकबरे चीते चितेरे।

चीते चीखें चंदा चौंधियाए,

चित्रकार चिल्कारें चित्र चमकाए।

##

चंचल चित्र चटकीले चिराग से,
चतुर चिंटू चाचा चक्री घुमाए।

##

चंचल चितवन चिंतामणि चंदन चिकने चाचा चिपके,
चाचा चिपके चिकने चंदन चिंतामणि चितवन चंचल,
चिकने चंदन चिपके, चिंतामणि चितवन चाचा चंचल।

##

चंचल चितवन में चित्रित चितेरे का चिंतन चिरंतन,
चिंतन चिरंतन का चितेरे चित्रित में चितवन चंचल,
चित्रित चिंतन चिरंतन का चितेरे, चंचल में चितवन।

##

चंचल चितचोर चिकने चपल चपाती, चुनरी में चमकते चांदनी चकोर,
चक्रवर्ती चूहा चुगता चना, चटपट चाटुकारिता का चरण,
चरण चक्रवर्ती चूहा चुगता, चना, चटपट चाटुकारिता का।

##

चंदा के चचेरे चाचा चन्द्रचूड़ चिंटू को चिढ़ाते चले,

चन्द्रचूड़ चिंटू को चिढ़ाते, चंदा के चचेरे चाचा चले,
चिढ़ाते चले चंदा के चाचा, चन्द्रचूड़ चिंटू को चचेरे।

##

चिंकी की चिकनी चिपकली, चिपकली चिकनी चिंकी की,
चिकनी चिपकली चिंकी की, चिंकी की चिकनी चिपकली,
चिपकली चिकनी, चिंकी चिकनी, चिकनी चिपकली, चिंकी की।

##

चंचल चाची चंदन चौक में चाट चबाती,
चाट चबाई चंचल चाची ने चंदन चौक में,
चंदन चौक में चाची चाट चबाती चंचल।

##

चिंटू की चिकनी चिकोटी चचा ने चिपकाई,
चिकनी चिकोटी चिंटू की, चचा ने चिपकाई,
चचा ने चिकनी चिकोटी, चिंटू की चिपकाई।

##

चंचल चिड़िया चहके चारों चौराहे,
चतुर चाचा चले चप्पल चटकाते,
चिंतक चित्रकार की चित्र चर्चा में,

चखने चटपटी चटनी चटोरे चूहे।

##

चप्पल के चिन्हों में चाची की चपलता,
चार चक्की चालक चुनरी चढ़ा चमके,
चूहे चिह्नांकित चोरी की चालाकी से,
चाटुकारों का चक्रव्यूह चकित चमन में।

##

चुटकुले चले चाय की चुस्कियों में,
चौराहे पर चौकड़ी भरे चमगादड़,
चाँदनी चौक में चमचमाते चमचे,
चिकोटी काटे चकरघिन्नी चुराते।

##

चक्रवात की चाल से चौंके चौराहे,
चर्चित चिंतन में चिंतामणि की चर्चा,
चापलूसी के चक्कर में चटक मटक,
चंदा चुराने चला चाँदी का चक्का।

##

चटाई पे चारपाई चढ़ा चाचा चिरौंजी,

चुराए चिप्स चुपके से चीखती चिरिया,
चिकने चपटे चौक में चालाकी से चोर,
चमकीली चादर चापलूस चढ़ा चाँद पर।

##

चिंगारी चुभे चमचों में, चचेरे चूजे चहकें,
चक्कर खाते चाँदनी में चूर चिपको चाचा,
चमकते चमचम चाँद पर चवन्नी चपल चले,
चपलता से चाल चले चालाक चंद्रगुप्त।

##

चादर की चासनी में चावल चबाते चूहे,
चालीस चक्कर चप्पल से चमत्कार चाची का,
चक्रवर्ती चक्रधर की चकरी चटाके चटनी,
चटक मटक के चटपट चटपटी चर्चा चली।

##

चाटुकार चटनी चाटें चटपट, चौराहे चरखी चले,
चिकनी चमेली चौंके चतुर चितकबरी चाची,
चाँद के चक्कर में चांदनी चक्कर खा गई,
चटाई पर चुनावी चिन्ह चिपका चिपकी चम्मच।

##

चंद्रकला में चक्कर खाए चंदा चाचा चने चबाएं,
चंदन वाली चाची चिकने चपटे चाँद को चाटें,
चिकोटी काटें चमकीले चिनार की चिप्पियाँ,
चापलूसी का चकल्लस चाहे चाँद पे चढ़ जाए।

##

चौधरी की चाय में चीनी की चमचमाती चमक,
चिकोटी का चर्चा चले चाँदी के चमचे से,
चुराया चाँद चिंदी में चमके चिंतामणि,
चंदा चुरा के चालाकी से चंपा चली चंचल।

##

चक्रव्यूह में चाचा ने चक्र चलाया चतुराई से,
चिंताओं की चिकनी चादर चाट गए चरवाहे,
चाबुक से चलती चमगादड़ की चंचल चाल,
चप्पल पहने चूहा चिकोटी काटे चालाकी से।

##

चमचमाते चाँद को चिन्दी चोर चुनौती दे,
चौकन्ने चोरों की चौकीदारी चुटकी में चुराई,
चतुराई का चटखारा ले चप्पलों की चाप सुन,

चाकू की चमक में चमकती चुड़ियों की चमक।

##

चूँ चूँ चाची करे चाय पे चर्चा चुपचाप,
चक्की पीसे चक्रवात की चाल से चपलता,
चालाक चिड़िया चहके चौबारे में चुप्ती,
चाँदनी चौक में चिपचिपी चिकनी चादरें।

##

चापलूसी के चर्चे चारों चौराहों पर चले,
चौकड़ी मारते चूहे ने चुराई चौधरी की चप्पल,
चिकोटी कटी चंचल चाची की चुराकर चुम्बक,
चकल्लस में चित्ती चिरैया चिल्लाई चुलबुली।

##

चमकीले चाँद पर चिकोटी काटी चमचमाती चुड़ैल,
चंद्रमा की चाँदी चुरा चमके चौथे चौक में,
चुराई गई चप्पल में चक्कर काटे चालीस चूहे,
चुनरी में चाँद चिपका चालान चुकता चुनावी।

छ

छप्पर छाए छोटे छाले में छिपे छवि छाप,
छटा छिड़कते छैल छबीले छंदों की छाप।
छंद छलकाते छायादार छत्रों के नीचे,
छाप छोड़ जाते छलकते छालों के पीछे।

##

छायावादी छवियों का छंदमय छलावा,
छलकते छायाचित्र में छाया का छज्जा।
छोटी छोटी छिपकली छत पर छलाँग लगाए,
छवियों की छाया में छंदित छाले सजाए।

##

छत पर छाया छप्पर में छुपा छज्जा,
छलकते छाले में छिपे छापे छल छल।
छंदों में छिपी छवि छलकाती छतरी,
छायाचित्र में छिड़ी छाया की छलक।

##

छुटपन की छाया में छुपे छंद छविले,
छगन के छलावे में छाया छतरी का छेड़।
छिन्न-भिन्न छायाओं का छंद छलकता,
छोटे छोटे छालों में छुपती छायादार छवि।

##

छत पर छिपकली छपक छपक छाया छेड़छाड़ छंद,
छिपकली छपक छपक छाया छेड़छाड़ छत पर छंद।
छपक छपक छाया छेड़छाड़ छत पर छिपकली छंद,
छाया छेड़छाड़ छंद छत पर छिपकली छपक छपक।

##

छोटे चटोरे चिंटू चाचा चुन चुनकर चटनी चटाएं,
चटनी चटाई चटोरे चाचा चिंटू चुनकर छोटे।
चुन चुनकर चटोरे चाचा चिंटू चटनी चटाए छोटे,
चटाई चटनी चटोरे चाचा चिंटू चुनकर छोटे।

##

छत पर छिपकली छिपकर छप से छलांग लगाई,
छप से छलांग लगाई छिपकर छिपकली छत पर।

##

छटपट छटा छबीली छक्के छाप छानबीन छुपाछुपी छेड़े,

छबीली छक्के छाप छटपट, छानबीन छुपाछुपी छेड़े छटपट,

छानबीन छुपाछुपी छेड़े छबीली, छक्के छाप छटपट छटपट।

##

छछूंदर की छटा छत पर छाई, छप छप छपाके छलांगे,

छत पर छछूंदर की छटा छाई, छप छप छपाके छलांगे,

छप छप छपाके छलांगे, छत पर छछूंदर की छटा छाई।

##

छोटे छिपकली छत पर छिपकर छिपछिप छपाके,

छिपकली छोटे, छत पर छिपकर, छिपछिप छपाके,

छत पर छिपकली, छोटे छिपकर छिपछिप छपाके।

##

छबीले छात्र ने छक्के छापे छत पर छज्जे,

छेनी से छिले छप्पर पर छैल छबाया छाया,

छोटे छोटे छुरे छिपाकर छलिया छबीला छाला,

छत्तीस छज्जों की छटपटी छत पर छिड़की छाप।

##

छुपा छुपाके छेदों में छिपता छिनाल पनछी,

छिद्रों में छबिली छुपके छलकाती छाछ,
छत पर छोरे छेके छानते छक्के छाले,
छलकपट की छाँव में छिनारों की छिड़काव।

##

छत्रोंपति की छाती में छिपी छवि छलकी,
छल छलाते छलावरण में छुरी की छाप,
छानबीन में छुटती छाया छुपे छपाक से,
छिपकली के छुरमुट में छत्रछाया छज्जा।

##

छापाकली छपाक से छप से छपाती छत्तानी,
छाते के छाले छोड़ छटपटाते छोरे छड़ी,
छोटी छिपकली छल से छिपकर छुरा छलनी,
छंद बाँधता छबीला छुटती छतरी छत दे छाँव।

##

छागल की छाल पर छक्के छापे छलछल,
छात्रों की छटाक से छिड़के छायादार छाली,
छाया छुपाती छापाकली छबरी छतरी छाँव,
छंद में छिपी छिपकली छिकनी छड़ी से छेड़खानी।

##

छतरी के नीचे छत पर छतरी छतरी छाई,

छज्जे पर छज्जे छापे छोरों ने छक्के छुड़ाए,

छिनाली छाल की छाले छपाके छप छपाक,

छबीली छतरी में छुप छपकी छेड़खानी छाई।

##

छूटते छप्पर से छाती छाती छब्बीस छापे,

छबीले छल छलाते छाँव में छोरों की छड़ी,

छक्कों की छड़ी छलकाती छिनारी की छाया,

छिद्रों में छिपती छिपती छुरी छपाक से छाई।

##

छगन के छक्के छुड़ाती छगनी छपाक से,

छपाकी छापे छाती में छबीला छलका छू,

छिद्र छोड़ छबिली छापलूसी छज्जे पर छाया,

छोड़ छापर छाँटती छप छप चाची का छापा।

##

छंदों में छपी छवियाँ छलनी छाने छल से,

छवि छुपाई छादर में छुरी छपाकी छत तले,

छपाक से छोड़ी छप्पर की छबि छज्जे पर,

छाया में छिपकर छप से छिपाती छुटपनिया।

##

छाँव में छाती छूटे छगनलाल की छतरी,
छोटी छोटी छिपकलियाँ छपाक से छाँव में,
छब्बीस छटाके छाते छब्बीस छज्जों को,
छलकती छाया में छोड़े छाँट की छड़ियाँ।

##

छनकता छबीला छंद, छलछलाता उद्दंड,
छलकता छंदों का छक्का, छिलबिला मुक्का,
छटपटाता छंद, उद्दंड अंदर बंद।

##

छत पर छिड़ी छपाक से छात्रों की छटपटी,
छिपे छवि छल से छालांग छोड़े छप्पर में,
छिकनी छिपकली छज्जे छुपके छिपाई छत्ती,
छापलूस छाँव में छाते छटा छितराई छत्तीस।

##

छोरों ने छोड़ी छेड़खानी छटपटाते छिल्लर,
छिलके छाल से छमकते छप्पर के छिद्रों में,

छाती छाप के छंद में छोटी छोटी छटाई,
छपाक से छूटे छतरी के छंद छापे छबीली।

##

छमछमाते छायादार छबूतरे पर छंद,
छाँटती छतरियों का छिड़काव छिपा छलनी में,
छोटी छपाई छात्र छुपकर छत पर छूटे,
छात्रावास के छाता में छापे छड़ी की छटा।

##

छपाक से छटपटाती छबूतरे की छाँव,
छोड़ छड़ी छाते छलकाई छाती के छल,
छुरा छापे छापकर छबीले की छड़ी,
छत्ता छानती छज्जे छुटता छूमंतर छत्री।

##

छूमंतर छुटते छत पर छोटे छोटे छाप,
छुटपन की छवि छुपाते छटपटाते छिल्लर,
छिलमिलाती छतरी छत से छबीली छिटकी,
छोटी छापलूसी छल से छटपटाई छिपकली।

ज

जलतरंग की जलधारा में जीवन का जश्न,
जर्जर जंगलों में जीव-जन्तुओं का जलवा।
जलजले की जद में जकड़े ज़िन्दगी के जज्बात,
जगमगाती जुगनू की ज्योत में जीवन की ज्योति।

##

जिजीविषा की जड़ें जमीन में जीवटता से जुड़ी,
जुल्फों के जाल में जकड़ी जादुई ज़िन्दगी।
जश्न-ए-जिंदगी में ज़रा सी जोड़ी जिंदादिली,
जोश में जलते जज्बे जीत की जमीन जीते।

##

जंगलों के जीवन में जीवंतता की जय-जयकार,
जुगनू की जिग्यासा में ज्योतिष्क की जलमयी जादूगरी।
जिज्ञासु की ज़िन्दगी में ज्ञान का ज़ोरदार जज्बा,
ज़र्रे-ज़र्रे में जीवन की जीविका का जीवंत जागरण।

##

जादू की जगमगाहट में जागृति का जलवा,

जिराफ़ के जम्हूरियत में जमीन का जज़्बाती जुड़ाव।

जुल्फ़ों की जलक में जलते जज्बात की जानकारी,

जबरदस्त जोश में जीत की जुगलबंदी जगाए जोश।

##

ज्योति की जीवविज्ञान जिज्ञासा जागृति, जीवविज्ञान जिज्ञासा जागृति ज्योति की,

ज्योति का जीवविज्ञान जिज्ञासा से जागृति ज्वलंत, जिज्ञासा जागृति ज्योति की जीवविज्ञान।

ज्योति जीवविज्ञान जिज्ञासा जागृति जगाए, जीवविज्ञान जिज्ञासा जागृति ज्योति जगाए।

##

जीवन जलजलाहट जल जंगल जन्मजात जिज्ञासा जिराफ जोड़,

जलजलाहट जल जंगल जन्मजात जिज्ञासा जिराफ जोड़ जीवन,

जल जंगल जन्मजात जिज्ञासा जिराफ जोड़ जीवन जलजलाहट,

जंगल जन्मजात जिज्ञासा जिराफ जोड़ जीवन जलजलाहट जल।

##

जलजला जंगलों में जज़्बात जगाए जादुई जीवन जर्जर,

जंगलों में जज्बात जगाए जादुई जीवन जर्जर जलजला,

जज़्बात जगाए जादुई जीवन जर्जर जलजला जंगलों में,

जगाए जादुई जीवन जर्जर जलजला जंगलों में जज्बात।

##

जलज ज्योति जीवन जलधि जग जागरण जाल जंगल,

ज्योति जीवन जलधि जग जागरण जाल जंगल जलज,

जीवन जलधि जग जागरण जाल जंगल जलज ज्योति,

जलधि जग जागरण जाल जंगल जलज ज्योति जीवन।

##

जज्बाती जलजला जंगल जमीन जोरों जूझे जयकार,

जलजला जंगल जमीन जोरों जूझे जयकार जज्बाती,

जंगल जमीन जोरों जूझे जयकार जज्बाती जलजला,

जमीन जोरों जूझे जयकार जज्बाती जलजला जंगल।

##

जज्बाती जंगल जमीन जीव जंतु जीवन जोड़े,

जमीन जीव जंतु जीवन जोड़े जज्बाती जंगल।

जीव जंतु जीवन जोड़े जमीन जज्बाती जंगल,

जीवन जोड़े जीव जंतु जमीन जज्बाती जंगल।

##

जीवन जोशी जुगनू जलाए जून की ज्योत्सना में,

जून की ज्योत्सना जीवन जोशी जुगनू जलाता।

ज्योत्सना में जुगनू जलाए जीवन जोशी जून,

जुगनू जलाने ज्योत्सना जून में जीवन जोशी।

##

जज़्बाती जग जीवन के जलसे में,
जीवंत जिज्ञासा जगत जगाए।

##

जब जिराफ जज़्बाती जंगल में जज़्ब हो जाते,
जंगल में जज़्बाती जिराफ, जब जज़्ब हो जाते।

##

जज़्बाती जजमान जलजला जमीन जहाज़ जादूगर जीवन,
जलजला जमीन जज़्बाती जजमान, जहाज़ जादूगर जीवन जलजला,
जहाज़ जादूगर जीवन जलजला, जज़्बाती जजमान जलजला जमीन।

##

जग जाहिर जिद्दी जजमानों का जलवा,
जोड़ी जमाते जयचंद की जिरह जबरजस्त,
जलती जलेबी से ज़्यादा जूसी जमावट,
जब जलजला जोर से जड़ा जमीन पर जतन से।

##

जंगली जलपरियों का जीवंत जश्न जमकर,
जरा जरी की जकड़न में जबरी जुगाड़ जीते,
जोशीले जंतु जी जरजर जूतों में जमे जमाई,
जिद्दी जानवरों की जिज्ञासा जगाए जागरूकता।

##

जलजलाती जलधार में जल्दी से जल्दी जाना,
जहाज़ की जर्जरता पर जताई जाने वाली जिरह,
जमीन जोड़े जिराफ़ों ने जमकर जलसा किया,
जलते जंगल में जाकर जीवन जीने का जतन।

##

जमाने की जरूरत को जताता जागरुक जादूगर,
जबरदस्त जुगलबंदी में जगह जगह जैकपॉट जीते,
जाजम पर जड़ित जवाहरात जितनी जगमग जगमग,
जिज्ञासु जीवन का जलसा जिन्दगी जिन्दाबाद।

##

जलवे में जल जमाती जलपरी जैसे ज़हर,
जमींदार की जमीन पर जागी जीवंत जड़ें,
जरूरी जानकारी का जज्बा जाग्रत जोड़ी में,

जगाया जिंदादिली से जिन्दगी के जोखिम को।

##

जगमग जगमग जामुनों की जमीन पर जलता जादू,
ज़िन्दगी के जंगल में जीवन जीने का जज्बात जगे,
जर्रे जर्रे में जोश जगाते ज़हरीले जीव जालसाज़,
ज़ोर ज़ोर से जलवाफरोशी ज़माने की ज़िद पर जारी।

##

ज़बरदस्ती की जड़ता में जागी जब जवानी ज़ोर,
जमघट में जमाने भर की जुबानी जलवों की ज़द में,
जज्बाती जजों का जुर्माना जब जब जुर्म हुआ जरूरी,
जलसा जो जगा जग के ज़ोरों पर ज़िन्दाबाद जगाने को।

##

ज़ेहन में जलती जुगनू जैसी ज़िंदगी की ज़िद,
ज़र्राती जोश के जोखिम में ज़मीनी ज़िरकपुरी,
ज़ख्मों की जद में जिद्दी ज़माने का ज़हरीला ज़रूरत,
जोड़ तोड़ की जड़ों में जैसे ज़िद्दी ज़रफ जारी।

##

जब जागे जनता जमानत पर जिन्दा जलसाजी का जश्र,

जिल्मिलाती जादुई जगत में ज़िन्दादिल जंग जवाबी,
ज़र्द पत्तों की जुबानी जिरह ज़माने के ज़द में,
जल्दबाज़ी में जमा जुड़ाव जरूरी जैसे ज़िन्दादिली।

##

ज़ंजीरों की ज़ड़ता में ज़ख्मी जिन्दगानी के जाम,
जिज्ञासा की जिन्दल जैसी ज़मक ज़र्द मौसम में,
ज़रूरी ज़िंदादिली जोखिम जलाने जगत की ज़हरीली,
ज़रा ज़रा सी ज़िंदगी जल्दी में ज़िद पे जीते जा।

##

जुलूस में जुटे ज़माने भर के जोशीले जज्बात,
जोड़ी जुड़ी जितने भी जीव जजमान जलवा बिखेरे,
जर्रे जर्रे में जिज्ञासा का ज्वार जोरों से जोर पकड़े,
जूठन में जीवन की जोत जले जिससे ज़िन्दगी जागे।

##

जुगनू की जलती ज्योति से जगमग जगमग जादू,
जरूरी जानकारी जजों को जब जब ज़रूरत पड़ी,
ज़िद पे अड़े जवानों ने जीता जंग जुर्रत से,
जलती जुबानी जल्दी में जुर्माना जायज़ ज़रूरी।

##

जिज्ञासु जनता की जमघट में जुड़े जुगती जोड़,
जोर जोर से जपते जपते ज्ञान की जगह जगह,
जुटाने जुटाने में जीवट वाले जीवन का जश्न,
जायके की ज़रूरत में जुड़े ज़ायकेदार ज़मीनी जूस।

##

ज़िद्दी ज़माने में जोखिम भरे ज़ज्बातों की जुबानी,
जादुई जुगनू जिसके जलवे जितने भी जरूरी जीने को,
ज़मानत पर जीनेवाले जोड़ों का जुर्माना जुड़ा जाया,
ज़िन्दगी के जुल्मों में जुल्मी जो जुरत से जीते।

##

जवाहरात की जिज्ञासा में जोड़ी गई जरूरतें,
जनता के ज़ोर से जुमले जिसमें ज़र्द ज़र्दा ज़रूर,
जुलूस की जोशीली जुबान जलती जुबानी जोश में,
जीवन की जिद में जगी जग की ज़िद्दी जरूरतें।

##

जलता जादू जगमगाहट
ज़र्रे ज़र्रे में जोश
जोशीला जुलूस

झ

झरने की झंकार में झिलमिलाते झींगुर,

झाड़ियों में झूलते झूले पर झूमते झरोखे।

झुंड में झूमते झील के झिलमिल झिलावे,

झमाझम बरसते झरने का झंकार झमाझम।

##

झाँझरों की झनकार में झिलमिल झाँकती झलक,

झीनी झीनी झलकार में झूलती झलमल झालर।

झाड़ू की झटकन में झटपट झाड़ा झमेला,

झुकते झुकते झाँका झरोखे से झिलमिल झाँझर।

##

झरझर झरने की झंकार में झूमते झींगुर का झुंड,

झुंड का झूमते झींगुर में झंकार की झरझर झरने,

झंकार में झूमते झींगुर का झुंड, झरझर की झरने।

##

झंकृत झिलमिलाते झूले झूम झूम जश्न मनाए,

झरने की झीनी झलक में झिलमिल झांकी झलकारी,
झलकारी झरने की झीनी झलक में, झिलमिल झांकी झंकृत।

##

झरने की झील सी झिलमिलाती झलक झूमते झंगोरों को झकझोर देती है।
झिलमिल तारों के झुरमुट में झीनी झीनी झांकी झूठ नहीं लगती।

##

झिलमिल झील के झूले झूले झूलना झमाझम,
झंझावाती झोंकों में झटके झेलते झरोखे,
झाड़ियों में झाँकते झुंझलाए झिंगुर झगड़े,
झींगुरों की झंकार से झाग उठा झिलमिल झरना।

##

झकझोर दिये झोंकों ने झूठे झमेले झिझक के,
झंझावात का झंडा झुलसा झुमके झपटते,
झिलमिलाती झालर में झाँकी झटपट झूठी,
झांझर की झनकार में झगड़ालू झिंगाला झाँसी।

##

झुकावों के झमेले में झाँसी की झलक पड़ी,
झूमते झाड़ूदार झटके झाड़ झंखाड़ में,

झालरों की झिलमिल में झूलते झटिल झूले,
झागदार झील में झगड़ालू झूठों का झगड़ा।

##

झटपट झड़ी लगे झूठों की झोली में झूठ,
झुलसते झुंड में झालापन झुमकता झाला,
झींगा झपटे झपाटे से झटके झरोखों पर,
झायफल झरे झरझर झालरों की झंकार से।

##

झुमरीतलैया का झूला झलके झिलमिलाता,
झंकृत झनकार से झिंगुर झूम उठा झुंझुनू
झिलमिल झरनों की झड़ी झुकाई झाँकी गई,
झूलती झालरें झांझ में झमाझम झमक।

##

झांकी झरोखों से झांकती झिलमिल झिंगुरी,
झरझर झरने की झमझम संग झुमके झूमर,
झाड़ूदार झटकों से झटिल झालर झटकी,
झुकी झाल झालिमों की झुकमुक झिलमिलाती।

##

झुलसाती झुलसी झुंड के झागदार झगड़े,
झमाझम झांपड़ी झड़प में झाँकते झटके झपाटे,
झरझराते झाड़ फूंक के झूठे झमेले,
झिलमिलाते झरोखे से झाँसी की झलक।

##

झुंझलाहट में झिंगुर की झंकार बेझिझक,
झूमते झांझरों की झनझनाहट झांकी,
झिलमिल झांझ और झूठों का झगड़ालू झमेला,
झटके में झुलसे झटिल झटपट झूले।

##

झकझोरती झकोरों की झड़ी लगी झक्कन में,
झाँझ और झुमका झपकी लेते झूलों पर,
झटकी झूलते झंझोड़ की झुंझलाई झालर,
झुमरी झूले झिलमिल के झमझम झूमरों में।

##

झाड़ियों में झूमर झूले झमझमाते झरने,
झंझावती झोंके से झटके झिलमिलाते झाल,
झिंगुर की झंकार से झूठी झाँकी झलकाई,
झगड़े की झड़प में झांकती झड़ी झुंझुलाई।

##

झंझावात की झंझ में झूलते झरोखे झंकृत,
झूठे झालरों की झिलमिलाती झलकारी झलके,
झील की झुरमुट में झाँकी झाड़ू की झड़प,
झबरा झाकी का झगड़ा झूठी झपकी में झटका।

##

झाँझरी झंकार का झंझट में झटकती झमेले,
झूम झूम झूमर झालर झमकती झलमल झाँझ,
झरझर झरने की झड़ी झाकर झपाक से झपका,
झीनी झलकी झाड़ में झूली झाँझल झाँझली।

##

झुकी झुमकी झिलमिल की झुंझलाहट झटपट,
झटपट झूलती झमझमाती झिलमिलाती झड़ियाँ,
झाड़ू झाँकती झटके झड़ झड़के झाँकी झूल,
झिलमिल झूमते झटके झाड़ में झूले झमझम।

##

झड़पों की झाँझ में झरोखे झलकती झड़ियाँ,
झंडा झूला झूलते झमकते झड़पाली झाल,

झुंझलाती झड़ियों में झंडू बाम झमकता,
झील से झिलमिलाती झलकारी झटपट झालरें।

##

झूमती झड़पों का झमेला झंझावात में,
झाँकते झाड़ों की झिलमिल झलक में झलमल,
झुमरीतलैया झाँकी झलकता झूला झुमके,
झटके में झपकी झपाटे का झगड़ा झमझमाए।

##

झंझावात का झमेला
झिलमिलाता झंकार
झमझमाती झिलमिल

ञ (nya)

ञपाकुर अचकी ने अचाञच अचलाया,

नयनों में नया नज़ारा नक्षत्रों का ञकार,

नज़रिये ने नापी नक्काशी नखलिस्तान की,

नया नयनाभिराम नर्तकी ञकारी नाच नचाए।

##

नाचता नायक नक्षत्रों के नाद संग ञकार का,

नव नवेली नक्काशियों ने नज़राना नगाया,

नाकाबंदी नकारती नैन नक्ष नैय्या चली,

नर्मदा के नीर में नवजात अचाञच निहारे।

##

नक्कारखाने में नगाड़े ने ञकार निकाला,

नागिनी ने नाग को नकचढ़ी निगाहों ने नकारा,

नैनों ने नापा नया नक्शा नगर का नक्काशी से,

नाज़ुक नाज़नीन ने नज़रिए नापे नायाब आहें।

ट

टिमटिमाते तारों के टापु पर टहलते टहनियों का टालमटोल,
टूटते टूटते टिके टिकाऊ टीकों का टूटना टला।
टंकार की टकराहट में टकराते टिनके टूटे नहीं टिके,
टहलते टाइगर की टांगों का टशन टॉप पर टिका।

##

टपकते टप्पर पर टिप्पणी करते टेबल टेनिस के टुकड़े,
टिड्डियों की टोली ने टमाटर पर टंगड़ी मारी टक्कर।
टहनी पर टिकी टिड्डी का टिकाव टिकता न टूटा,
टंडन के टेस्ट में टेस्टी टिक्की का टशन टूटा।

##

टहनी पर टिकी टिटहरी की टेर,
टमटम की टकटकी में टेढ़ी टहल।
टांगों में टूटती टकराहट की टेस,
टूटे टाइल्स पर टिकी टाइम की टेस्ट।

##

टिमटिमाते टारों की टोली में टेढ़ापन,
टुकड़ों में टूटा टापू का टिकाऊ टेम्पो।
टंगड़ी की टक्कर में टिकटिकी टांग की,
टुकुर-टुकुर टकटकी लगाए टीवी की टेस्ट।

##

टिक टिक टिका टाइप करे
टिक टिक टिका टाइप करे, टेबल टकराए,
टाइपिंग टूटे नहीं, टिका तनाव टाले।
टेक्स्ट टंकित, टिका टाइप तेज टांके,
टूटे नहीं टंकण, टिका टाइप तराने।

##

टंकार टनके टंकी में, टंकी में टनके टंकार,
टंकी में टनके टंकार, टंकार टंकी में टनके।

##

टहलते ताल में टिकटिकी टंगी टहनी पर टिमटिमाता टारा,
टारा टिमटिमाता पर टहनी टंगी टिकटिकी में ताल टहलते,
टहनी पर टिमटिमाता टारा, टिकटिकी टंगी में ताल टहलते।

##

टप्पू के टोपे टिम्मी टहल टाल में टहलते टहलते टूटे,
टिम्मी टहल टाल में टहलते, टप्पू के टोपे टहलते टूटे,
टहलते टूटे टिम्मी टाल में, टप्पू के टोपे टहल टहलते।

##

टमटम टोलियों के टोले में टहलते टमाटर,
टंकार के टापुओं पर टिके टटोलते टहनी,
टांगों में टांगें अड़ाए टिकटिकी टिकाते,
टपकती टपरी पर टपके टमाम टपाटप।

##

टिमटिमाते टारों की टोली टांगे टापे,
टंडन टाइप के टमरेल टहलते टहली में,
टगड़े टांगू टाल में टापू टिकाटिक खेलें,
टूटते टहकुबे में टिकी टुकटुकी टहलाई।

##

टिकट टकसाल की टकटकी टांगे टुकटुक,
टॉप के टिप्पणीकार टपके टपकी पर टपाक,
टहनियाँ टांग टपोरी टाइप की टपकती टपाटप,
टिड्डे टूटे टांगों में टिकटॉक टकराते।

टेबल की टेढ़ी टांगें टकराईं टूटी टेप,
टहलते टांगे टिकटिक करें टायरों के टापे,
टांगू टगड़े टूटने टपकते टोकरी में टमाटर,
टेढ़ी टकराहट में टेपू टाइप के टट्टू टहले।

टाले न टल सके टिकाऊ टोपियों के टाप,
टिनके टिनके में टूटे टिकटाऊ टोकरों की टक्कर,
टाकियों की टेक में टिके टगड़े टम्पाटम टिमटिम,
टपकती टपरियों में टहलती टुकटुकियाँ टूटती।

टापू की टहलती टट्टू टहल रहे टिकटिक में,
टंकी के टोप पर तेंदुआ टिक गया टकराता,
टांगों पर टिके टिमटिमाते टारे टपकते टपाटप,
टुकटुकी टेंट में टमटमाता टपके टपरी पर।

टांगे टूटी टेबल पर टिकी टपरी का टमाशा,
टकटकी लगाए टुकटुक देखे टहनी का टमटम,
टालमटोल के टमाल टेढ़े टहलते टांगों में,

टापुओं का टाप टिकटकाता टगड़ा टगड़म।

##

टुकड़े टुकड़े में टिकी टुकटुकी टहलता टाप,
टूटती टाइल्स का टमाटर टपका टालता टैप,
टपकती टोकरी से टूटे टमाटर टमटमाए,
टिकटिकी बाँधे टमाशबीन टापू के टपकू टाप।

##

टहलते टहलते टांगों में टकराई टबरिया,
टिकी टहनियों पर टिका टांगा टूटी टांग के,
टालते न टली टक्कर से टकराता टांग टूटा,
टमटमाती टेबल पर टांगे गई टेढ़ी टहनी।

##

टूटे टेढ़े टमटम टोपी टांगे टिकटिकी में,
टापू का टमाशा टूटती टांगों की टकटक से,
टिकट टांगने टकराती टहनियों की टेढ़ी टेक,
टोप पर टिकी टूटने को टायरों की टपकती टाप।

##

टाट की टाटी में टंगी टूटी टांगें टमटम,

टाला टिकटिक करता टांगू का टोपी टाँगे,
टेढ़े टेढ़े टपकते टमाटर टकटकी लगाए,
टिकती नहीं टहनियों पर टमकती टहनी टहले।

##

टहलते टहलाते टांगों के टेक में टपकी टांग,
टम्मा टम्मा टम्मा तेंदुआ टिके टोपलों की टाल पर,
टूटा टपका टमाटर टिकटिकाता टिमटिमाता,
टापक टाले टहनी टुकटुकाई टमकती टेक।

##

टंकार की टांगों में टकराई टपकती टोपी,
टाँगू के टपकते टेढ़ी टहनियों का टमटम,
टपकता टकटकी से टिका टूटता टांगों का टप,
टांगे टुकटुकी टम्मा तम्मा तेंदुआ टहले टापुओं की टेक।

##

टोकरी टोकरी टमाटर टापक टांगे टैंगो,
टंगड़ी टहले टेक पर टुकुर टुकुर टेकें,
टहलते टिकटिकाते टपकते टमटमाते टप,
टिकटॉक टाल में टिके टपकते टांगों के टैंगो।

##

टेक की टेकनीक से टांगी टमटमाती टोकरी,
टिकटिकी टंगड़ी की टम्मा तम्मा तेंदुआ टहले टाले टोपी,
टांगू टांगे टकराने टपके टकटकी टमटम,
टैंगो टिकाऊ टोकरी के टैंगों में टपकता टेक।

##

टिकटिकी का टमटम
टंकार की टाल
टिकटिकी की टेक

ठ

ठंडी ठहरी ठांव पे ठिठुरते ठकुराइन ठुमके,

ठुमरी गाए ठहाकों से ठहरा समय ठिकाने लगे।

ठिठोली में ठिकाने लगी ठसाठस ठिठुरन,

ठहरे हुए ठाकुर संग ठिकरी मिर्ची ठसक भरे।

##

ठाठ से ठाले पे ठहरो, ठिकाना ठीक ठहराया,

ठुकराया न गया ठाठ का ठिकाना, ठस से भरा।

ठाकुर के ठाट-बाट में ठहाके ठसाठस बिखरे,

ठसके से ठिठोली करते, ठिठुरते ठांव पे ठिकाने।

##

ठंडी ठिठुरती ठहराव में ठहाके लगाती ठकुराइन,

ठुमक ठुमक कर ठाठ से ठहरे ठिकाने पर ठहराई।

ठाकुर के ठाट-बाट में ठसाठस भरे ठाले ठिकाने,

ठुकराए गए ठिंगने ठिकानों में ठोस ठहराव ठहराया।

##

ठाठें मारती ठंडी हवा में ठर्राती ठिठुरन,
ठुमरी गाते ठाकुर साहब का ठसकीला ठहराव।
ठिकाने लगाते ठिकानों का ठेका ठाकुरों ने ठुकराया,
ठहरे हुए ठाले में ठिकाने की ठसक ठिकाने लगाई।

##

ठंडी ठहरी ठहराव में ठाकुर का ठाठ,
ठिठोली करते ठकुरसुहाती का ठहाका ठसाठस।
ठुमक-ठुमक कर ठुमरी गाए ठकुरानी,
ठाणे के ठाठ से ठसकीली ठसक ठहरानी।

##

ठहरे हुए ठूँठ पर ठिठुरती ठंड में ठिनके,
ठगिनी के ठाठ बाट में ठुल्ला ठहाके ठिनके।
ठसक से भरे ठिकाने पर ठाकुरों का ठिकाना,
ठोकर खाकर भी ठाठ से ठहरा हर ठिकाना।

##

ष्रीवन की ष्थिविकता में ष्थानिक ष्थिलता का ष्थावरण,
ष्थिरता के ष्थान में ष्थायी ष्थिलता का ष्थिर संचार।
ष्थायी ष्थानों की ष्थिल ष्थावरण में ष्थुलता का ष्थानता,
ष्थिल ष्थावरण के ष्थान में ष्थिलता की ष्थायिता ष्थायी।

##

ष्विर में ष्षानिक ष्विन की ष्थायिता का ष्थायी ष्थावरण,
ष्थानता की ष्थिलता में ष्थानिक ष्विन का ष्थायी ष्थान।
ष्थायी ष्थानों की ष्थिलता में ष्थुल ष्थावरण की ष्थानिकता,
ष्थिल ष्थावरण का ष्थान में ष्विन की ष्थायिता ष्थुल ष्थिरता।

##

ठंडी ठाकुरपुर की ठाठी में ठहराव ठहराया,
ठगों की ठाठी ठठेरा ठोकरें ठगड़े ठगाया,
ठुमुक ठुमुक ठुमरी ठुकराई ठांवरे ठक्कर में,
ठहाकों के ठेले में ठंडा ठेका ठगड़ी ठकाया।

##

ठरकी ठकुरसुहाती ठहरी ठाले ठकराती,
ठिकानों की ठिठोली में ठिलमिलाते ठाहर ठाहर,
ठुल्ला ठेलता ठेलमठेल में ठुड्डी ठाले ठक्का,
ठाट बाट के ठाठ में ठायें ठायें ठूंठा ठगाया।

##

ठहरे ठहरे ठाठ की ठसक में ठुलमुलाती थाली,
ठुलठुल ठुड्डी ठोरी ठंडक में ठंडे ठाकुर की,

ठाठ ठाटें ठिठोली ठकराती ठंडी ठंड में ठुठना,
ठांव ठांव के ठगना ठुकराना ठक्करों का ठाठ।

##

ठरकपन की ठिठुरन में ठंडे ठंडे ठहाके,
ठमकती ठुमरी ठाठ से ठक्क से ठकराई,
ठिठोली ठेलते ठुल्ले ठर्रा से ठकराया,
ठोके ठुमके ठक्क ठगड़ी में ठाकुर ठसाठस।

##

ठुड्डी ठुकराते ठहाके ठाठ के ठसक में,
ठगना ठगी की ठसाठस ठक्क ठोकरों से,
ठाली ठर्रा के ठेले पर ठकराती ठिठुरी,
ठाकुर की ठिकाने पर ठहरी ठहरी ठाठ।

##

ठेले पर ठंडी ठिठोली करता ठंडा ठक्कर,
ठसक से ठाठ दिखाते ठग ठिकाने ठहराये,
ठर्रा ठुसकी ठुकराए ठिकानों की ठिठुरन,
ठंडाई मारे ठुड्डी ठोंक ठुमके ठगड़ी ठट्टे।

##

ठिकाने लगे ठाकुर ठंड में ठुल्ले ठट्टा,
ठमकते ठगों का ठेला ठिठोली से ठसमस,
ठिठुरती ठंड में ठाठ से ठाले ठहरे ठक्कर,
ठेके पर ठुड्डी ठोके ठुमरी ठकाने ठट।

##

ठहाकों का ठेला ठगों की ठक्की में ठाठ,
ठंडक में ठुकराते ठिठोली ठुल्ले ठगड़े,
ठोस ठहराव के ठाठीले ठट्टे ठरिये,
ठंडाई ठसक से ठहरे ठुकराई ठिकाने ठाँव।

##

ठुमरी ठेले पर ठगड़ी ठक्कर से ठाकुर,
ठाली में ठंडाई ठाठ से ठसमसाती ठक्कर,
ठिठुरते ठंडे ठहाके ठिलमिलाते ठुल्ले,
ठोंक ठाकुर की ठिकाने पर ठाँव ठसक से।

##

ठक्कन से ठोस ठिठुरती ठंडी ठर्रा ठेला,
ठुड्डी ठोंक ठमकी ठक्कर ठोकरों की ठाठ,
ठिलमिलाती ठंडाई में ठाकुरों का ठहाका,
ठाठ से ठमकता ठट्टामार ठेले ठुल्ली ठक्की।

##

ठंडी ठक्कर में ठोस ठाठी ठहराती ठसाठस,
ठमठमाते ठाले ठिकाने ठाकुर की ठरकी,
ठंडा ठंडा ठसमस ठिठोली ठक्की में ठमकती,
ठेला ठाली ठूंठ से ठंडाई ठहरा ठहाका।

##

ठक्कन ठाकुर के ठाठ ठिठुरते ठर्रा ठगड़े,
ठाली पे ठुल्ले ठग ठगाते ठगी की ठोंकी,
ठुकराती ठहाके संग ठिठोली का ठंडाई ठाठ,
ठुमुकते ठाले में ठुलमुल ठुल्ला ठिकाने ठाँव।

##

ठिठोली की ठसाठस ठाठ ठांवरे में ठुकराई,
ठगड़ी का ठमका ठेले पे ठक्कन ठोस ठगाती,
ठहरे ठाली में ठगों की ठसमसाती ठक्कर,
ठेला ठमकता ठहाका ठंडी ठोकरें ठाकुरों की।

##

ठर्रा ठंडा ठिकाने ठाकुर की ठोस ठंडाई में,
ठंडक में ठमके ठेले की ठक्कन ठसक से ठंडाई

ठाठ से ठांवरे ठक्कर ठिठोली का ठहराव ठिकाना,
ठेले पर ठगड़ी ठंडाई मारे ठमठमाती ठुड्ढी

##

ठगनी की ठसमसाती ठुड्ढी ठंडी ठांवरे में,
ठिकाने लगी ठरकी ठेले की ठोकर में ठमकती,
ठुकराती ठिठोली ठेला ठमठमाता ठाठ से,
ठंडक की ठक्कन से ठाली ठोके ठाकुर की ठुड्ढी

##

ठहराव का ठाठ
ठंडा ठिठुरता ठेला
ठंडी ठसाठस ठिठोली

ड

डगमग डाल पर डोलता डोमकच,
डाली-डाली डोलते डाकू के डर से।
डूबते डर को डाले डंडे से डराया,
डांवाडोल डालों पे डाल का डेरा।

##

डमरू की डमक में डोलते डोरे,
डूबती डिंगियों के डर से डोर बचाया।
डिबिया के डक्कन में डूबा डाल का डंका,
डस्टबिन में डाले गए डिब्बे की डिंगी डोली।

##

डगमगाते डाल पर डालियाँ डोलीं,
डामर की डगर पर डर के बिना डोले।
डिब्बों के डेरे में डेरावाले डाकू,
डाल-डाल पर डोलते डांवाडोल डाके।

##

डूबते डूबते डर से डूबे नहीं,
डांवाडोल डिग्रियों में डटकर डटे।
डाक बंगले की ड्योढ़ी में डाकिया,
डलिया भर डाक से डर के बिना डाले।

##

डमरू डमाडम डोले डाल पर डाली डाली,
डाँवाडोल डोरियाँ डोलतीं डूबती डाल पर,
डंके की चोट पर डफली डोले डमरुवा संग,
डगमग डगर पर डांडिया डांडिया डोलती डारें।

##

डफली डमरू डम डम डबल डमके डमरुवा,
डोरी टूटे डोलती डाल पर डोला डालके,
डांग गड़ी डगमग डोले डरके डरावनी,
डावानल में डोले डंका डाकिया डाक ले जाए।

##

डाकू की डुगडुगी डूबते डूबते डोली,
डंडे की चोट पर डफली डबडबाती डोले,
डगमग डाल पर डोलते डांडिया डिगडिगी,
डाल पर डूबती डलिया डफली डंका बजाए।

##

डिबिया डोले डाल पर डगमग डोर की डोली,
डरके डाकू डाल से डमरू डाली डोले,
डाँव डोल कर डोले डमरुवा डांडिया डगमग,
डाली पर डफली डिबिया डमरुवा डम डम डोले।

##

डोरी डाल की डोले डगमग डमरू डाँव डोल,
डगमगाती डोली में डाकू डोले डर के डरावनी,
डमरुवा की डफली डबडब डोले डबल डमके,
डांग गड़ी डोलती डोले डाकिया डाक ले जाए।

##

डांडिया डोले डमरुवा डाली डाल पर डमके,
डफली डोले डम डम डगमग डोरी टूटे डोलक,
डाल डाल पर डोले डाकुओं का डगमग डाँव,
डिगडिगी डांग में डाकिया डाले डांडिया डाँव।

##

डिबिया डमरुवा डोले डमकती डाली डाल पर,
डाँव डोल के डगमग डाकिया डाली डोले डोर,

डाक डकैती की डमकी डफली डगमगाती डमरू,
डोलती डबल डोर पर डमरू डिबिया डमडम डोले।

##

डगर डगर की डोली डाकुओं की डांवडोल,
डांग में डाकिया डफली डाले डमरुवा डोले,
डमरू की डगमग डाल से डोलती डाक पर डाँव,
डिबिया डोलती डाल पर डांग से डफली डोले।

##

डिबिया डफली डमके डाल पर डमरुवा डोले,
डांग में डाल की डोले डगमग डमडम डाली,
डगमग डोरी डोलती डफली डगर पर डाँव,
डगमगाती डोली में डाकिया डाली डोरी डमके।

##

डाँव डोली डमरुवा डमडम डाल पर डमकती,
डफली डिबिया डोले डमरुवा की डमक में डाल,
डगमग डोरी की डोली डोले डाली पर डांग,
डांवडोल डमरू डगर पर डगमग डाली डमडम।

##

डाकिया डोला डमरुवा डाल पर डगमगाता,
डंडे डंडे पर डांडिया डोली डमरू डाँव लागे,
डफली डमरू डोलते डमडम डोरी डांग में,
डाली डाली पर डमरुवा डोले डगमग डफली डाँव।

##

डमडम डमरू डोले डाल के डाँव पर डगमग,
डांडिया डोलती डमरुवा के डंके डफली डमके,
डाँव डोले डाकिया डगमग डाल पर डमरुवा,
डोली डाली डमकती डगमग डफली डमडम डमके।

##

डमडम डोरी डाक पर डोलती डफली डगमग,
डांडिया डमरू डाँव लागे डमरुवा डोली में,
डाली डाली पर डांग में डोलती डमरू डमके,
डमरुवा की डफली डाकिया डगमग डोरी डोले।

##

डमरुवा डफली डोलती डमरू की डोरी डमके,
डाकिया डोले डमरू डाल पर डमडम डाली डमकती,
डाँव डमरुवा डमडम डोले डगमग डफली डाक पर,
डाली पर डांग की डोली डोलती डफली डोरी डमके।

##

डाली डाली पर डाकिया डमरू डमडम डोले,
डाक पर डमरुवा डमडम डगमग डफली डमके,
डमरू की डगमग डोरी डाँव डाल पर डाकिया,
डमरुवा डमडम डाकिया डमकती डाली डमरू।

##

डमरू का डंका
डगमग डोर का डांव
डमरुवा की डोर

ढ

ढलती धूप में ढाल के ढंग से ढांके ढब,
ढांचे के ढंग से ढलते ढाल के ढांके ढब।
ढिंढोरा पीटे ढोली, ढोल की ढमक से ढमाल,
ढूंढती ढाक के पात ने ढूंढा ढलानों का ढंग।

##

ढ़ाई आखर प्रेम का, ढूंढे से भी न ढूंढे कोई,
ढलानों पे ढेरों ढाक, ढूंढते ढूंढते ढोल बजे।
ढलकाना नहीं आसान, ढ़ालों की ढाल से ढके,
ढाल पर ढूंढे से भी न मिले ढ़ाई आखर की ढाल।

##

ढलते ढलान पर ढलानों का ढेर,
ढोलक की ढमक में ढोल ढोलियों का ढेर।
ढिंढोरा पीटते ढिंढोरची की ढाल पर,
ढाई आखर की ढाल से ढलके प्रेम का ढेर।

##

ढूंढते ढूंढते ढूंढ़ निकाला ढब,
ढलती धूप में ढाल का ढलना ढूंढा।
ढेर सारे ढेरों में ढेरों की ढूँढ़ में,
ढाल की ढलान पर ढलका ढाल से ढूंढा।

##

ढूँढ़ोरची ढ़ोलक की ढ़मक, ढ़लान पर ढ़ेरों ढ़िंढ़ोरे,
ढ़ाबे पे ढ़ेर सारी ढ़िशूम-ढ़िशूम, ढ़लती ढूँढ़ती ढ़हराव,
ढ़हराव ढ़ाबे पे ढ़ेर सारी, ढ़िशूम-ढ़िशूम, ढ़लती ढूँढ़ती।

##

ढोल की ढमढम ढमके ढलान पर ढलढल,
ढाक के पत्तों पर ढांचा ढहा ढहाढह,
ढिंढोरा पीटे ढिंढोरची ढोल बजाए ढंग से,
ढूँढता ढाल पर ढुलमुल ढाक की ढाली ढलके।

##

ढलानों में ढोलकी ढोले ढक्कन से ढक्कन,
ढबराती ढोल ढमढम ढिंढोरे में ढिंढोरा,
ढलती ढूँढ़ में ढाक के ढक्कन से ढुलकाता,
ढमढमाता ढाल पर ढोलकी का ढक्कन ढोलक।

##

ढिंढोरची ढोल बजाए ढाक की ढाल पर,
ढाँचा ढहे ढलान पर, ढाक के ढक्कन ढग से,
ढोलकी ढक्कन के ढांचे पर ढमढमाती ढोल,
ढुलकाते ढूँढते ढबराए ढिंढोरे का ढाल।

##

ढोलकी ढक्कन ढोले ढाक पर ढमढमाए,
ढबराती ढोलकी ढोल की ढमढम में ढब ढब,
ढलान से ढलके ढाक का ढांचा ढहके ढाल,
ढमढमाता ढोल ढोलकी ढिंढोरे की ढमक।

##

ढाक के ढाल पर ढोलकी ढमढम ढबकाए,
ढिंढोरा पीटें ढोल बजाता ढिंढोरची ढंग से,
ढलान ढूँढता ढबराया ढाक ढक्कन से ढुलके,
ढमढमाती ढोलकी ढाल पर ढिंढोरे का ढोल।

##

ढोलक की ढमढम से ढलके ढलानों में ढांचा,
ढबराए ढिंढोरची ढक्कन ढोले ढमढमाती,
ढोलों की ढोलकी ढमढम ढक्कन से ढक्कन ढलके,

ढलती ढाक पर ढोलका ढमढमाए ढाल से।

##

ढाक पर ढबराता ढोल ढलानों में ढमढम,
ढोलकी ढक्कन ढोलों की ढब ढब ढमढमाती,
ढोल की ढलान ढमढमाती ढलकी ढलकती ढाक,
ढोलका ढिंढोरे में ढबराता ढक्कन ढांचे पर।

##

ढिंढोरची ढोल बजाए ढलकती ढाक की ढाल पर,
ढलते ढलते ढोलों की ढमढम ढाल पर ढक्कन,
ढांचा ढहे ढमढम ढब ढब ढक्कन की ढाक पर,
ढोलकी ढलान पर ढमढम ढोल बजाती ढबराई।

##

ढमढमाते ढोलक के ढलानों पर ढबराए,
ढोलकी ढक्कन से ढमढम ढक्कन की ढलान,
ढिंढोरा पीटते ढोलका ढब ढब ढमढम,
ढलान से ढलते ढोल ढमढमाते ढोलकी का ढोल।

##

ढाल पर ढोलका ढमढम ढक्कन के ढांचे में,

ढब ढब ढमढमाती ढोलकी ढाक की ढालों पर,

ढाँचा ढहे ढब ढब ढिंढोरा पीटे ढमढम,

ढलानों की ढाल में ढक्कन से ढोलका ढोल बजे।

##

ढोल की ढिंढोरची ढबराते ढोलका ढलान पर,

ढब ढब ढमढमाते ढाक पे ढक्कन की ढाल संग,

ढलती ढोलकी ढाल पर ढोल बजाए ढमढमाता,

ढाक की ढलानों में ढबराया ढोलका ढिंढोरा।

##

ढमढम ढोलकी ढोल संग ढक्कन के ढलान पर,

ढिंढोरची ढोल बजाता ढाक के ढाँचे पे ढमके,

ढलके ढोल से ढक्कन ढमढम ढलानों में ढबराई,

ढब ढब ढोलका ढोल ढक्कन के ढाल से ढलाने।

##

ढाक के ढोलकी ढब ढब ढमढमाती ढाल पर ढलकी,

ढलान से ढमढम ढोलका ढिंढोरा ढक्कन ढोल संग,

ढोलकी का ढाँचा ढहे ढबराई ढाल पर ढमढम,

ढोल की ढलान पर ढमढमाए ढक्कन से ढबकार।

##

ढिंढोरची ढमढम ढाक की ढोलकी ढोल ढब ढब,

ढोलका ढोल से ढाल पर ढलकता ढक्कन के संग,

ढोलकी ढलानों पर ढबराते ढमढमाते ढाक पे,

ढब ढब ढलती ढाली ढाक के ढक्कन से ढोल बजे।

##

ढमढम ढिंढोरची ढोल बजाता ढाक की ढाल पर,

ढोलका ढोल से ढलकती ढाक का ढाँचा ढबके,

ढोलकी ढक्कन की ढलानों में ढलाने ढमढम,

ढलकी ढाल से ढक्कन की ढोलकी ढोल बजाए ढब।

##

ढमढमाता ढोल

ढलकता ढिंढोरा

ढलकते ढोल की ढिंढोरची

ण

णकार के णगाड़े पर णगीने णिचकाए,
णमकीन णठारे में णकल णकारे णक्काशी,
णगर की णकराती णालियों णे णक्की णकारा,
णखराली णूतन णयना णगाड़ा णगाती णतमस्तक।

##

णगरदारी के णकाशी णगाड़े णखरे णिखरे,
णतमस्तक णकल णमकीन णक्की के णठारे,
णकारात्मक णगर में णगाड़ा णचाता णचाई,
णिचकाना णूर का णगाड़ा णिकाले णमकीनी।

##

णक्कासी के णकार में णमकीनी णचाई णतहास,
णखराले णक्कर में णकली णगाड़ा णकारी णतमस्तक,
णगर की णगरदारी णकाशी णगीने णठारे णखरे,
णक्की की णकारात्मक णगाड़े णचाता णकल णिचकी।

##

णगाड़ा णखराले णकाशी का णकारात्मक णगर,
णठारे में णकली णगीना णक्की णगरदारी णचाई,
णगाड़े की णकाशी णगरदारी के णतमस्तक णकल,
णमकीन णगाड़ा णचाती णखराली णूर णतहास में।

##

णगर के णगीने णतमस्तक णकली णकारी णक्कासी,
णठारे णचाई णक्कर णमकीनी णकाशी णगरदारी,
णगाड़ा णखराता णगीना णकले णमकीनी णूर का,
णतहास में णगाड़े का णखरा णचाई णगाड़ी णकार।

##

णगर के णतमस्तक णखराली णगीने णिखरे,
णठारे की णचाई में णक्कासी णगरदारी णगाड़ी,
णक्कर की णचाई णमकीनी णतहास णकल णगाड़ा,
णगाड़े के णखरे णचाते णमकीन णगर के णूर से।

##

णखराते णगाड़े की णकाशी णचकी णकार की णक्कासी,
णगरदारी का णमकीन णखरा णगीना णठारे में णटखट,
णगर की णगाड़ी णतमस्तक णगर णखराली णमकीनी,
णमकीन णठारे में णगाड़ा णखरा णक्कासी से णचकी।

##

णगीना नगर का णगाड़ा णखराली णचकी नगरदारी,
णटखट णकाशी से णगाड़ी का णखरा णचाता नगर,
णतमस्तक णगाड़ा णक्कासी णमकीनी णचाई णगाड़ी,
णक्कर णगीने का णगर नगरदारी की णचकी णगीनी।

##

णगाड़े की णकाशी णखराली णमकीन नगरदारी में,
णक्कासी णगाड़ी का णखरा नगर के णगीने णटखट,
णमकीन णठारे की णकाशी णचकी णखराली णगाड़ा,
णतहास में णचाती णगाड़ी णखरे की णकाशी णमकीन।

##

णगर की णगाड़ी णतमस्तक णमकीन णगीना णखराता,
णचाई णगाड़े की णचकी णकाशी णगीने की णटखट,
णकाशी णगाड़ा नगरदारी के णखरे णमकीन णठारे,
णगीने का णगर णखराली णगाड़ी णक्कासी का णचाता।

##

णमकीन णखराली णगाड़ी णतखत णगर की णगीना,
णगाड़ा णखराता णकाशी में नगरदारी का णतमस्तक,

णठारे की णमकीनी णगाड़ी णखरे पे णगर णकारी,
णतहास में णगीने णखराली णमकीन णचाती णगाड़ी।

##

णगाड़ा णचाती णमकीन णगरदारी के णगीने,
णकाशी का णखरा णगाड़ी में णतमस्तक णगर,
णचाती णमकीनी णठारे णगीने की णटखट णखराली,
णक्कासी की णकाशी णगाड़ी णगर में णमकीन।

##

णक्कर की णमकीन णठारे णगरदारी की णगीना,
णखराली णगाड़ी णतहास णगीने का णमकीन,
णगर की णकाशी णगाड़ा णमकीनी णचाई णतमस्तक,
णगीने के णटखट णगाड़ी णखरे की णक्कासी।

##

णतमस्तक णगर के णगाड़े णगीने का णखरा,
णगाड़ी का णगीना णचाई णमकीनी णखराली,
णगरदारी के णखरे णगाड़ा णचकी णगीने,
णकाशी णगर की णठारे में णगाड़ी णमकीन।

##

णगरदारी का णगाड़ा णमकीन णगीने णखराली,
णटखट णगीना णगाड़ी में णचकी णकाशी णखरे,
णक्कर का णमकीन णगाड़ी णगर की णठारे णकारी,
णतहास में णगीने की णगाड़ा णचाता णक्कासी।

##

णकार का णगाड़ा
णगर की णकाशी
णतखत णगाड़ी

त

तीतर के दो आगे तीतर

तीतर के दो पीछे तीतर

आगे तीतर पीछे तीतर

बोलो कितने तीतर

##

तारिक की तारीफ़ में तारांकित तारीखें तारीफ़ के तराने,

तारिक की तारीफ़ में तारों का तालमेल तारीफ़ के ताप से

तापसी तारिक का तर्जुमा तरकश की तीरों से ताकतवर।

तारीफ़ में तुलित तारिक की तालें तालमेल से ताल ठोके,

तारिक के तराने में तालीम की तासीर से तारीफ़ ताज़ा।

##

तन्मय की तबला ताल तालीम में तालमेल तराशे,

तबला ताल की तान में तन्मय तन्मयता से तल्लीन।

तालवाद्य की तान में तन्मय का तालांतरण तारीफ़ेक़ाबिल,

तबला ताल का तराना तन्मय के तालुक में तारीफ़ का तकाज़ा।

##

त्वरित त्वमेव में त्वक्षण त्वरण का त्वितीय त्वमास,
त्वरा की त्वरित त्वमी में त्वक् संग त्वमाप्यता की त्वम्।
त्वष्टि के त्वक्षर में त्वगाध्ययन का त्विषा त्वरित,
त्वचा की त्वरिता में त्वरा त्वदीय त्वग्दोष का त्वष्टि।

##

त्वमसि के त्वरित त्वंकार में त्वक्षणता का त्वचान्तर,
त्वदीय त्वरण में त्वदनुगत त्वरित त्वमाप्यता का त्वरण।
त्वरित त्वांकार में त्वद्रत त्वचा का त्वग्विज्ञान त्वितीय,
त्वद्विध त्वरितांश में त्वदीयता की त्वरित त्वरणता का त्वरा।

##

त्याग के त्योहार में त्याज्य त्यक्ति की त्यक्ति त्यागी,
त्याज्य त्यक्ति में त्यागी का त्याग त्यक्ति त्याग संत्याग।
त्यक्त त्याज्यों की त्योहारी त्याग में त्यागी त्यक्ति,
त्यागी का त्याग त्याज्य त्यक्ति में त्याग संत्यागी।

##

त्याज्य त्योहार में त्यक्ति का त्याग त्यागी त्यक्ति,
त्यागी त्याज्यों की त्यक्ति में त्याग का त्योहार त्यागी।
त्यक्त त्याज्य त्याग में त्यागी त्यक्ति का त्याग संत्याग,

त्याग संत्याग में त्यागी का त्याज्य त्यक्ति त्यागी त्याग।

##

तरंगों में तैरता तमाचा,
तारों की ताल पे तरंगीन तालियाँ।
तितलियों की तालीम में तन्मयता,
तालाब के तट पर तरुणाई की ताजगी।

##

ताजमहल की तरफ ताकते तूर्यनाद,
तापसी की तपस्या में तापमान का तांडव।
तिनकों की तलाश में तरबतर तराने,
तारिका के तारों ने ताना ताना तराशा।

##

दिया की दूरदर्शन दृश्य दस्तावेज़, दूरदर्शन दृश्य दस्तावेज़ दिया की,
दिया का दस्तावेज़ दूरदर्शन दृश्य से दर्शनीय, दृश्य दस्तावेज़ दिया की दूरदर्शन।
दिया दूरदर्शन दृश्य दस्तावेज़ दर्ज करे,
दूरदर्शन दृश्य दस्तावेज़ दिया दर्ज करे।

##

तन्मय की तकनीकी ताकत तर्कसंगत, तकनीकी ताकत तर्कसंगत तन्मय की,

तन्मय का ताकत तकनीकी तर्कसंगत से तत्पर, ताकत तर्कसंगत तन्मय की तकनीकी।

तन्मय तकनीकी ताकत तर्कसंगत ताने,

तकनीकी ताकत तर्कसंगत तन्मय ताने।

##

तारिका के तालुका तत्वावधान तांडव, तालुका तत्वावधान तांडव तारिका के,

तारिका का तत्वावधान तालुका तांडव से तेजस्वी, तत्वावधान तांडव तारिका का तालुका।

तारिका तालुका तत्वावधान तांडव तैयार,

तालुका तत्वावधान तांडव तारिका तैयार।

##

तनिका के तापसी ताल तरंग, तापसी ताल तरंग तनिका के,

तनिका का ताल तापसी तरंगों से तरंगित, ताल तरंग तनिका के तापसी।

तनिका तापसी ताल तरंगों में तल्लीन,

तापसी ताल तरंगों में तनिका तल्लीन।

##

तन्वी के तालाब में तरबूजे तैरे, तालाब में तरबूजे तैरे तन्वी के,

तन्वी का तालाब तरबूजे से तैयार, तरबूजे तैरे तालाब में तन्वी के।

तन्वी तालाब में तरबूजे तैराए,

तालाब में तरबूजे तन्वी तैराए।

##

तरुण की तरकारी तरकश में, तरकश में तरकारी तरुण की,

तरकारी तरकश में तरुण ने तरतीब से तराशी,

तरकारी तरकश में तरतीब से तराशी तरुण ने।

तरकारी तराश के तरकश में तरुण,

तरुण की तरकारी तरकश तरतीब से तराशी गई।

##

तीन तालकी ताल तलैया में तल्लीन थे,

तलैया तल में तालकी तल्लीनता तलाशे।

ताल तलैया की तल्लीनता में,

तालकी तीनों तल्लीनता की तलाश में तले।

##

तरुण ताल तलैया तपन तापस तरंग तत्परता,

ताल तलैया तपन तापस तरंग तत्परता तरुण,

तलैया तपन तापस तरंग तत्परता तरुण ताल,

तपन तापस तरंग तत्परता तरुण ताल तलैया।

##

तितली टहनी टूटी तेज़ तूफ़ान तापसी तंग तरंग,
टहनी टूटी तेज़ तूफ़ान तापसी तंग तितली तरंग।
तूफ़ान तापसी तंग तरंग तितली टहनी टूटी तेज़,
तापसी तंग तरंग तितली टहनी टूटी तेज़ तूफ़ान।

##

तपती तपन ताल तलैया तिरते तितली तेज तेज,
ताल तलैया तिरते तितली तपती तपन तेज तेज।
तिरते तितली ताल तलैया तपती तपन तेज तेज,
तेज तेज तपती तपन ताल तलैया तिरते तितली।

##

तितली तिनके तुलिका से तोले,
तरुण तारा ताल तलैया ताए।

##

तरंगित तालाब में तैरते तितलियाँ तत्परता से तलाशती,
तरुण तारिका तमाशा देख तहलका मचा तेरी तस्वीर में,
तेरी तस्वीर में तरुण तारिका तमाशा, देख तहलका मचा तरंगित।

##

तत्पर ताल तमाशा तनाव तपाक से तरबूज तस्वीरें तहलका,

तमाशा तनाव तत्पर ताल, तपाक से तरबूज तस्वीरें तहलका,

तपाक से तरबूज तस्वीरें तहलका, तत्पर ताल तमाशा तनाव।

##

तीतर के तीन टुकड़े,

तीन टुकड़े तीतर के,

तीतर के टुकड़े तीन,

तीनों तीतर तीन टुकड़े।

##

तीन तितलियाँ तीखे तुरंत तरबूज़ तलाशती तालाब में,

तरबूज़ तलाशती तीन तितलियाँ, तीखे तुरंत तालाब में,

तालाब में तीखे तुरंत, तीन तितलियाँ तरबूज़ तलाशती।

##

तरंगों की ताल पर तबले की थाप ताली,

तत्पर तरुणाई तरसे तारों की तस्वीर तलाश,

तल्लीन तड़ित तड़के तब तक तकरार तड़पती,

ताश के ताश में ततैया तकरीबन तकलीफ ताले।

##

ताने तमाशे में तितलियों का तहलका तूफान,
तलातल की तलाश में तलवारों का तांडव तान,
तदबीर से तख्ती पर ताजपोशी का तगादा तामील,
तफ्तीश तांका जांकी की तरह तपाक से तराशे।

##

ताजा तरकारी का तमगा तफ्तीश में तय ताक,
तानपुरा तारों का तराना तलाशे तन्हाई,
तल्लीनता से तराशा तारिका तबाही का ताल,
तापमान का तांडव तड़ित तालीम से तालमेल।

##

तराने तुम्हारे तानों में तहज़ीब की तल्खी,
तालाब की तट पर तरसे तुम तो तुम्हारी ताकत,
तुलसी तलघर में तपाक से तरकश में तीर तमाम,
ताजगी का तर्जुमा तुम्हारे तर्ज़ पर तुम्हीं ताके।

##

ताश के पत्तों का तहखाना तहरीर में तरबतर,
तलवारों की तड़क-भड़क तकरार में तन्हा,
तराजू का तर्क तकलीफ में तब्दीली का ताराज,

तब्दील तालुकात में तारांकित ताजमहल की तस्वीर।

##

तितली की ताल पर तालिका ताल तलाशे,
तपती तपिश में तरंगित तरबूज तराशा तरकार,
तहखाने में तख्त पर तहरीर ताजा ताजा,
ताजमहल के ताज पर तरसे तानाशाह ताने।

##

तकरार के ताल पर तख्ती तले ताजी तुलसी,
तनिक तपाक से ताल तलाशती तुम्हारी तरकश,
तर्क ताजगी का तुफानी ताप से तकरीबन ताज,
तालीमी तराने तरस रहे तकलीफ में तमाशा।

##

तर्क की तान पर तालिबान का तांडव ताजिया,
तलातल का ताप तरसाता तकरीब तुलसी की,
तराशी गई तुलसी ताल पर तकरार का ताज,
तन्हाई की ताजगी तलातल से तरबूज का ताज।

##

तालुकात की तकरार में तब्दील तरकश के तीर,

तकरीबन तरसें ताज की तर्कीब से ताजगी के ताल,
ताजमहल का ताज तपती तदबीर से तरसे तख्त,
ताजा ताजा तरकश की तीरंदाजी ताल से तराशा।

##

ताश के पत्ते तरकीब से तानें तालुकात के ताज,
तरबूज तरसे ताजगी में तलातल की तपिश पर,
तरकश की तीरों का तालिबान तर्क की ताजगी,
तख्ती की तहखाने में तरसे ताल पर तरकारी।

##

तालाबों की ताजगी में तरंगें तराशे ताजा,
तुलसी तरफ तनी तरकश के तीर ताकते ताल,
तख्ती पर तानी तालिम की तस्वीरें ताजगी से,
ताजपोशी का तराना तलातल में तड़पाता।

##

तर्कीबों के ताल में ताने तराशे तापसे,
तुम्हारे ताश के तानों में तब्दील ताजमहल,
तालीम तड़ित की तड़प में ताजा तफ्तीश तलवार,
तुलसी के तख्त पर तानें तबले का ताल तालिका।

##

तख्ती तले तितली ताल से तरबूज तराशती,
ताजगी के ताज में तर्क तख्ती पर तराशा,
तानपुरा तरफदारी में तज़किरा ताजपोशी का,
ताना ताजा तारीख का तालाब में तरकश तड़का।

##

तुलसी ताल पर ताजमहल की तानाशाही,
तरकश के तीरों की तालीम तालाब में तराने,
तफ्तीश तुम्हारी तालुकात की तड़प में तरसे,
ताजा तरकारी के ताने तानों में तरकश तड़पता।

##

तरबूज तरफ तालिका तानपुरा ताजा ताजगी,
तख्ता तुम्हारा तर्क से तरसाया तालाब के ताल,
तानाशाही तराने की तापसे तर्क तालाब में,
तुम्हारे तरकश का तीर ताजमहल पर तना तान।

##

तरंगित तालाब के ताल में तैरते तमाचे,
तन्हाई के तांडव में तनु तरकश के तीर,
तबले की थाप पर तबाही का तराना ताला,

तापसी तुलसी का तराशा तज़किरा तदारक।

##

तुम्हारी तरकश का तीर ताज पर तनकर ताना,
तुरंता ताजा तरीके से तराशते तालाबी ताश,
तहकीकात में तुम्हारे तर्क की ताकत तलाशी,
तालाब के ताज में तापमान की तरह तपता तरक्की।

##

तालीम की तह में तख्त तुलसी का तफ्तीश तैयार,
तितलियों की तान में तराशी गई तकदीरें तालें,
तफ्तीश के तारीखों में तलवारों की तालीम तत्पर,
तरक्की के ताज को ताना तमाशा तकदीर का तवील।

##

ताल की तहरीर में तमाशा तालाबी तर्कसंगत,
तिरछी तितलियाँ तराशती तकनीकी ताने तकलीफ़ में,
ताश की तहकीकात में तलाशी जाती तरकश की तीर,
तब्दीली की ताज़गी में ताजमहल का तानाबाना तर्क।

##

तख्तों की तरह ताकतवर ताजमहल का ताज,

तनकर तानी तरकश तानाशाह की तबाही,
तकदीर की तरह तख्ती तड़ित की तालीम तैयार,
तलवारों का तांडव ताल में तालाब का ताजा तमाशा।

##
तरंगों का ताल
ताजगी का ताप
तालमेल की ताकत
तराश की तकनीक

थ

थकान से थमे थपेड़े, थरथराते थाम्बे पर,
थोड़ी थाह में थलते थे, थाली में थोपे गए थाल।
थर्राती थंडी में थापों की थाप पे थिरकती थैली,
थम गई थरथराहट, थामे थे जब थामने को थैला।

##

थालस्थल में थैलियाँ, थके थकाये थकान से,
थहराया था थरथर, थमे थे जब थकान से थम।
थाली की थाप पे थिरकन, थपकी से थपथपाते,
थोड़ी सी थाह में थलते, थोड़ा सा थमके थम।

##

थकान के थपेड़ों में थामे थाली थाल,
थोड़े थोड़े थम गए थाह पाने की थाली में।
थरथराती थंडी में थाहर के थाप पर,
थुलथुल मोटे थामे गए थाले थरथराए।

##

थपकी की थाप से थापे गए थपेड़े,
थम गए थोरे में थमती नहीं थाप थपकी की।
थाली में थोड़ी सी थाली थलियाँ थोपे,
थकान भरी थाली में थोड़े से थोपे गए थाल।

##

थक्के थाली थरथराती थोड़ी थुलथुल थोरी थैली थैला,
थरथराती थोड़ी थक्के थाली, थुलथुल थोरी थैली थैला,
थुलथुल थोरी थैली थैला, थक्के थाली थरथराती थोड़ी।

##

थमे थमे से थकान के थापों में थरथराते थे,
थाली में थोड़ी थोड़ी थाह थली थी थलचट थलों में,
थकान भरी थपकी में थहराते थे थोड़े थोड़े,
थम थम के थपेड़े थोपे थामे गए थामकर थाम।

##

थपकी के थपेड़ों में थाली थोड़ी थमके थमकी,
थके थके से थामने थपेड़े थल पर थोड़ा थोड़ा,
थरथर थरथराता थाप थामे थूले थूलों में थूले,
थाहर थकान की थपकी थोड़े थोड़े थम थमाए।

##

थलचट थाली में थककर थरथर थोपे गए थोड़े,
थामकर थामे हुए थोपे थापों में थपकी थमाती,
थोड़ी थोड़ी थकान में थाप थरथराते थालियाँ,
थालों के थूले में थामे थोपे थकान भरे थोड़े।

##

थोड़ी थोड़ी थाली में थमकी थकान की थापें,
थरथराती थाली के थपेड़े थामे थे थूले,
थकान भरे थमाए गए थपेड़े थलचट में थरथर,
थोड़ा थोड़ा थरथराता था थोपा हुआ थपकी से।

##

थालों में थरथर थरथराती थमके थमकी थपकी,
थूले थापों में थमे हुए थपकी था थरथराना,
थोपे गए थकान में थरथराते थाली की थापें,
थाप के थपेड़ों में थाली थम थमकर थरथराई।

##

थामने की थाह में थोड़े थोड़े थकान थाले,
थम थम के थोड़ा थालों में थामे थरथर थपकी,
थरथराती थालियों में थककर थमाती थपेड़े,

थापों के थोपने में थामे गए थलचट के थूले।

##
थोड़ा थाल में थरथर थामे थकान के थपेड़े,
थमाती थोपी गई थालियों की थरथराना थाल,
थाह के थाप में थरथराते थमे हुए थोपना,
थाली के थपेड़े थोड़ा थोड़ा थामकर थापे।

##
थमकर थोड़ी थाली में थरथराती थमाती थकान,
थोड़े थोड़े थूले में थपकी के थपेड़े थमे,
थामे गए थाप की थोपी थरथर थालियों में,
थोपा थाह में थरथराता थकान भरी थपकी।

##
थपकी की थरथराहट में थामे थोड़े थपेड़े,
थरथराना थाल में थोपी गई थकान से थमे,
थमके थाली में थोड़ी थाली के थपकी थपेड़े,
थमाती थकान की थाह में थरथराती थाली थाले।

##
थरथर थमाती थोपी थाली में थकान थमके,

थालों में थरथराते थमाना थपकी की थकी,
थाह में थोपा थोड़ा थकान भरा थपेड़ा,
थरथराती थाली के थोड़ी थाली थपकी थमे।

##

थोड़ा थोड़ा थरथराता थालों का थाल में थाप,
थमकी थपकी में थकान के थपेड़े थोपे गए थे,
थामकर थोड़ी थकी थाली थाप के थरथराते,
थमाने थोपना थोड़ा थामकर थाल में थम थम।

##

थपकी थाल की थरथर थकान थामे थोड़ी थमाई,
थोड़ा थोड़ा थमकी थापों में थकान की थरथराहट,
थाली की थपकी थमाई थककर थरथराने थोपे,
थकाने की थाली थमाती थपेड़ा थाल में थम थम।

##

थमाना थकाने का थपकी थालों में थोड़े थमके,
थाली में थककर थोपी गई थापों की थरथराती,
थरथर थामना थकानी थपेड़े थाली में थोपना,
थमके थोड़ा थरथराता थाप की थकी थाल में थपकी।

##

थकान भरे थमाने के थपेड़ों में थाली थोड़ी थमी,
थरथराते थपकी से थमकर थापों की थरथराहट,
थमी थकान में थाली के थपेड़े थरथर थोड़े थमे,
थाल में थकी थपकी थोड़ा थामना थम थमकी।

##

थोपे गए थाली में थकान के थरथराते थपेड़े,
थाल की थकी थमाने का थपकी थरथराई थोड़ा,
थम थम के थोड़ा थपेड़ा थाप में थरथर थमाया,
थकाने के थापों में थाली की थरथराहट थमी थोपी।

##

थाली में थरथराती थपकी थापों की थकान थोपी,
थोड़े थोड़े थमाने थपेड़े थलचट में थरथराए,
थमकर थपेड़ा थामे गए थकाने की थरथराहट,
थाल में थाप के थपेड़ों में थरथराता थम थम।

##

थाली के थरथराते थाप में थोपे गए थमाना,
थोड़ा थरथर थामने का थम थमकी थपेड़ा थकान,
थकाने का थाप थाली में थरथर थामी गई थपकी,

थमाती थकी थाली की थरथराती थोपी थपेड़े।

##

थाल की थरथराहट थोड़ी थाली में थपकी थमी,
थरथराते थापों में थामकर थकी थमाने थोपी,
थकान की थरथर में थाप की थपकी थमाती थोड़ा,
थमके थपकी थाली में थोड़ा थमाना थोड़ी थरथर।

##

थपकी की थरथर थमी थोड़ी थाली में थमाना,
थोपा थाल में थकाने का थरथराता थपेड़ा,
थोड़ा थरथर थोड़ी थाली में थामे गए थमकी,
थम थम के थपकी थरथराती थोड़े थपेड़े थाले।

##

थाली की थरथराहट थमाई गई थपकी में थोड़ा,
थोड़ी थोड़ी थाप में थकी थमकी थपेड़े थाल,
थमाने की थकान में थोड़े थोड़े थपकी थाली,
थोपी गई थाप के थमकी में थरथर थोड़ा थाला।

##

थरथराते थपेड़े में थाली के थोड़े थोड़े थाप,

थकाने की थमाने में थोपी गई थकान की थमकी,
थाल में थमी थपकी से थोड़ा थम थमाया गया,
थोपी गई थरथराहट को थामना थाली में थोड़ी।

##

थरथराती थाली के थाप में थमकी थपेड़ा थोड़ा,
थकान भरे थामने की थपकी से थोड़ा थरथर,
थोड़े थोड़े थपकी के थपेड़ों में थाली थमी थी,
थम थम के थरथराता थपकी थाल में थामे गए।

##

थापों की थरथराहट में थोड़ी थाली थम थमाना,
थकी थाल में थोड़ा थमाने का थपकी थरथराईं,
थपेड़ों के थाल में थमकी थोड़ी थकान से थामी,
थरथर थाली की थमी थपकी में थोड़ा थोपा थाप।

##

थाली के थपकी से थरथराती थमकी थापों में,
थमकर थपेड़ा थामने की थकान थोड़ी थाल,
थोपी गई थाप की थकान में थरथराता थमाना,
थाल में थकी थोड़ी थमकी को थरथराने का थम।

##

थरथराता थाल का थपकी थमाता थकी थोपी,
थापों की थरथराहट में थकाने का थम थाली,
थोड़ी थोड़ी थाली में थकान की थपकी थमकी,
थामकर थपेड़ा थरथर थाली में थोपी गई थोड़ा।

##

थालों में थमी थपकी थकान के थपेड़े थरथराते,
थोड़ा थोड़ी थाप में थकान थाली में थमाना,
थरथराती थाल की थपकी थापों के थोपे गए थाल,
थाल में थमाने की थकान भरे थरथराना थोपी गई।

##

थोड़ी थोड़ी थाल में थकी थपकी थमाने की थकान,
थरथर थाप में थाली की थकी थोपना थमाया गया,
थापों की थरथराहट से थाली में थमकी थकाने वाली,
थकी थोड़ा थाप के थमी थाल में थोपी थरथर।

##

थाप के थपकी थरथराने में थाली के थमके थोड़े,
थरथराती थकी थाप में थोड़ी थोपी गई थमाना,
थोपी गई थाली में थकाने की थरथराता थपकी,

थमकी थम थमके थरथराते थाली की थपकी थमाना।

##

थोड़ी थाल में थमी थकान थरथर थोपे गए थमकी,
थमाने का थरथराता थाल में थोड़ा थमाती थपकी,
थपकी की थाप में थाली की थरथराना थोपना,
थोपी थकी थाल में थमी थाप के थोड़ी थरथर।

##

थमी थकी थपकी में थोपी गई थाप की थरथराहट,
थाल में थरथराते थोड़े थोड़े थमाने की थकान,
थकान के थपेड़ों में थोड़ी थोड़ी थमी थाली,
थोपी गई थकाने वाली थरथराहट की थाप में थमकी।

##

थाली में थमी थाप की थरथराती थमाना थोपी,
थोड़ा थोड़ा थकान में थमी थपकी की थरथराहट,
थापों की थरथर में थोपी गई थाली के थोड़े थम,
थम थम की थपकी में थरथराती थाली थाप थमाती।

##

थरथराती थपकी थापों में थमाने का थोड़ा थाल,

थमी थोपी गई थकान भरी थाप में थरथराता,
थकाने वाली थरथर थाली में थोड़ी थपकी थोपी,
थाप के थोपे गए थमाती थाल में थरथराना थपेड़ा।

##

थरथर थमाना थोपी गई थापों की थाली में थमी,
थोड़ा थमाती थकी थाल में थपकी थोपी थरथराती,
थकान की थाप में थोपा गया थमकी का थरथराना,
थालों में थोपी गई थमाने की थकान थरथर थपेड़ा।

##

थोड़ी थाली में थरथराने का थाप थमी थमकी,
थरथराती थकान में थमाती थोपी गई थाल की थपकी,
थाप के थपेड़े में थोड़ी थमी थकी थाली थोपी,
थरथराहट की थकान थाल में थपकी थमी थोपी गई।

##

थरथराते थमाने का थाल में थपकी थोड़ी थमी,
थपेड़ा थोपी गई थकी थाली में थरथराना थपकी,
थमकी थरथर थाप में थाली के थोपे गए थमाती,
थाल में थमी थकान भरे थोड़े थमाने की थरथर।

##

थकान का थहाका
थकान के थपेड़े
थकान और थमाना
थरथराता थालापन
थमाने का थपेड़ा
थकान के थाली थपेड़े
थरथराने का थाप

द

दीपक के दीप दर्शन में दिव्यता का दीप्तिमान दर्शन,
दीपावली पर दीपक के दीपों का दीदार दिलकश दृश्य।
दीपों की दिव्य दीप्ति में दीपक की दृढ़ दिशा दृश्यमान,
दीपक के दीप दर्शन द्वारा दिलों में दिव्यता का दर्शन।

##

द्रवित होते द्रव्य में द्रव्यता का द्रावक दर्शन,
द्रष्टा के द्रष्टिकोण से द्रव्यों का द्रावण द्रवित।
द्राक्षारस के द्रव्य में द्राविड़ संस्कृति का द्रव्यांकन,
द्रोण पर्वत की द्रढ़ता में द्रव्य की द्रढ़ता द्रवित हुई।

##

द्रविण के द्रव्यता में द्रव्यमान का द्रव्यांश द्रावणीय,
द्रव्य द्रावण के द्रव्यत्व में द्रवित द्रव्यता का द्रावक।
द्रोह की द्रावणता में द्रव्य द्रावण की द्रव्यता द्रावित,
द्रव्यांश की द्राविकता में द्रव्य का द्रव्यत्व द्रविण संचित।

##

दमकते दिन में दावत का दानव दाव पर,
दालान में दरकते दरवाजे दर्द की दास्ताँ दर्ज।
दबे पाँव दबंगों की दबिश में दबी दास्ताँ,
दहशत में दहलते दिल, दायरों में दफन दास्तां।

##

दामन में दाग़ का दर्पण, दर्द से दरारें दर्पण में,
दिल की दीवारों पर दस्तख़त दिल की दास्ताँ के।
दरख़्तों की दावत में दाने दाने का दाम,
दायरे की दूरी में दिलचस्प दास्ताँ दामन थामे।

##

दर्पण में देखा दिनकर का दर्शन,
दमकती दुपहरी में दहकता दामन।
दरिया के दामन में दबे दस्तावेज़,
दिलचस्प दास्ताँ में दर्द का दमन।

##

दादी की दास्तानों में देवताओं का दरबार,
दुनिया के दस्तूर में दोस्ती का दरकार।
दिल के दायरे में दबी दुआओं की दमक,
दर्द के दरिया को दौलत की दवा से दमित कर।

##

दर्शन के दूरदर्शी दृष्टिकोण दर्पण, दूरदर्शी दृष्टिकोण दर्पण दर्शन के,

दर्शन का दर्पण दूरदर्शी दृष्टिकोण से द्योतक, दृष्टिकोण दर्पण दर्शन के दूरदर्शी।

दर्शन दूरदर्शी दृष्टिकोण दर्पण दिखाए,

दूरदर्शी दृष्टिकोण दर्पण दर्शन दिखाए।

##

दिव्यांश के दिव्य द्रव्य दर्शन, दिव्य द्रव्य दर्शन दिव्यांश के,

दिव्यांश का दर्शन दिव्य द्रव्य से दीप्त, द्रव्य दर्शन दिव्यांश के दिव्य।

दिव्यांश दिव्य द्रव्य दर्शन द्वारा दीप्त,

दिव्य द्रव्य दर्शन दिव्यांश द्वारा दीप्त।

##

दीपिका के दिव्य दीपोत्सव दर्शन, दिव्य दीपोत्सव दर्शन दीपिका के,

दीपिका का दीपोत्सव दिव्य दर्शन से दीप्तिमान, दीपोत्सव दर्शन दीपिका के दिव्य।

दीपिका दिव्य दीपोत्सव दर्शन दीप्तिमान दिखाए,

दिव्य दीपोत्सव दर्शन दीपिका दीप्तिमान दिखाए।

##

दिव्या के दीप्तिमान दृश्य दर्शन, दीप्तिमान दृश्य दर्शन दिव्या के,

दिव्या का दृश्य दीप्तिमान दर्शन से दिव्य, दृश्य दर्शन दिव्या के दीप्तिमान।

दिव्या दीप्तिमान दृश्य दर्शन देखे,

दीप्तिमान दृश्य दर्शन दिव्या देखे।

##

दीक्षित के दिव्य दृष्टिकोण दीप्ति देखे, दिव्य दृष्टिकोण दीप्ति देखे दीक्षित के,

दीक्षित का दृष्टिकोण दिव्य, दीप्ति देखे दिव्य दृष्टिकोण दीक्षित का।

दीक्षित दृष्टिकोण दिव्य दीप्ति देखे,

दिव्य दृष्टिकोण दीक्षित दीप्ति देखे।

##

दादू का दीपक दमका दूर तक,

दूर तक दमका दीपक का दीप।

##

दीपक दरवाजे दस्तक दे दरिया दिलासा देख दिवाना,

दरवाजे दस्तक दे दरिया दिलासा देख दिवाना दीपक,

दस्तक दे दरिया दिलासा देख दिवाना दीपक दरवाजे,

दे दरिया दिलासा देख दिवाना दीपक दरवाजे दस्तक।

##

द्रुत दौड़ते दीपक दर्द दूर दिलाये दया से,
दौड़ते दीपक दर्द दूर दिलाये दया से द्रुत।
दीपक दर्द दूर दिलाये दया से द्रुत दौड़ते,
दर्द दूर दिलाये दया से द्रुत दौड़ते दीपक।

##

इन्हें दोहराएं दिल से, दिमाग से,
दांतों तले उंगलियाँ दबाए।
दिव्य दृश्य दर्शन की दिलचस्पी,
दृढ़ दिलों में दीप्ति दमक जाए।

##

दर्पण में देखा दर्द दिल का दास्तान दर्ज़,
दमकते दीये दे दहकती दावत का दाना,
दरख़्तों के दरमियान दिखे दर्द का दस्तूर,
दायरों की दौड़ में दिल दरबार में दरका।

##

दाढ़ी के दाने दाने में दर्द दराज़ दिखे,

दस्तक देते दरवाजे पर दिन दहाड़े दमके,
दालान में दुबके दरिया के दानव दरख़्त,
दरिंदों की दौड़ में दावत दर दर की दफ़नायी।

##

दफ़्तर की दवात से दर्ज़ हुआ दास्ताँ का दर्द,
दिल्लगी के दौर में दिल के दर्द ने दस्तक दी,
दरवेशों की दरख़ास्त में दिन रात दुआ दर्ज,
दर्पण दिखाए दिन के दर्पण में दर्प का दर्द।

##

दीवारों की दरारों से दर्दीली दरख़ास्तें,
दिन दहाड़े दीवाने दिल से दिल्लगी देखी,
दहकते दिये की दौड़ में दर्पण दिखे दाग़,
दरकिनार किये बिना दर्पण के दर्द को दाना।

##

दस्तक दिन रात दरवाज़ों पर दस्तूरी दर्पण,
दिल की दरारों में दबे दर्द दराज़ दिखे दिल्लगी,
दबी दास्ताँ में दर्ज़ दिल के दर्द का दस्तावेज़,
दर्पण में दाग़ दर्ज़ दिल्लगी के दौर में दर्पण।

##

दरिया के दामन में दबे दर्दों की दास्तानें,
दानवों की दहशत दरकती दीवारों में दरबान,
दहलीज़ पर दफ़न दिन की दालान में दर्द,
दस्तूरी दबिश में दर्पण देखे दुनिया का दर्द।

##

दानापानी के दौर में दिल्लगी का दरिया दरका,
दानवी दर्पण में दिखती दर्द की दीवानगी,
दर्द दिल का दरिया दिखाया दानव का दर्पण,
दस्तकारी के दौर में दबे दर्दों की दिल्लगी।

##

दर्पण का दर्द दिल को देखे दिन रात दीवाने,
दर्पण दर्प का दर्द दिल से दर्द की दहलीज़ पर,
दर्द की दवाई में दिन दहाड़े दिल का दर्द,
दफ़्न दिल के दर्द को दरिया के दर्द से देख।

##

दिन के दर्द की दवा दर्पण की दहलीज़ पर दी,
दिल के दर्द की दवाई दरिया दर्पण में दिखे,
दर्दों की दौड़ में दामन की दहशत दिखाई,

दर्पण में दिल का दर्द दिन की दहलीज़ पर दर्ज।

##

दर्द का दरिया दिल की दहलीज़ पर दर्पण देखे,
दीवानगी का दर्द दामन में दफ़्न दरिया दर्ज,
दरिया का दर्द दर्पण में दिखे दिल के दर्पण को,
दामन में दफ़्न दिल का दर्द दिखे दरिया को दर्ज।

##

दीवानों का दर्द दर्पण में दिन दिन भर देखा,
दरिया दिल का दर्पण दामन में दबी दिल्लगी,
दरबान दर्पण दिखाए दर्द की दस्तावेज़,
दाग़ दिल के दिलचस्प दर्पण में दिन के दर्शन।

##

दफ़्नाया दर्द दिल में दर्पण दिखे दिल्लगी का,
दीवारों के दर्पण में दामन की दबी दास्तानें,
दरिया की दवाई दर्द को दिल से दर्ज़ करती,
दिन दहाड़े दर्पण देख दीवारें दर्द में दमकीं।

##

दर्पण दिखा दर्द दरवाजे पर दीवाने दिल का,

दफ़्तर में दिल का दर्द दाग़ के दस्तूर बने,
दरिया में डूबे दर्द दीवानगी का दामन,
दास्तान का दर्द दर्पण को दिन रात दिखाए।

##

दिल की दवा दर्पण में दर्द की दबी दास्तान,
दर्पण की दबी दीवानगी दिन रात दिल में दर्द,
दीवाने का दर्द दर्पण से दिखता है दिल्लगी में,
दिल का दर्द दर्पण में दिखे दिल का दरबार।

##

दिन दहाड़े दिल का दर्द दर्पण में दर्ज़ हुआ,
दर्पण के दाग़ दिल की दीवानगी दिखाते हैं,
दीवानगी के दौर में दर्पण की दस्तक हुई,
दिल के दर्द की दवाई दर्पण में दबी दफ़नाई।

##

दीवानों की दर्पण में दर्द के दाग़ दिन रात देखे,
दिल की दहलीज़ पर दफ़ा होती दुनिया की दीवानगी,
दामन दर्पण में दिल के दर्द की दहशत दिखाता,
दास्तान दिल की दर्पण से दर्दीली दिखे दहलीज़।

##

दर्पण की दबी दास्तानों में दिल के दर्द दिखाती,
दिल के दर्पण में दफ़्न दीवानगी की दास्तान दहाई,
दर्द दिल का दाग़ दर्पण में दीवारों की दहलीज़,
दामन में दिखती दिल की दहशत दर्पण का दर्द।

##

दर्पण में दर्द के दाग़ दिल के दामन में देखे गए,
दिल का दर्द दर्पण में दीवानों की दास्तान दिखा,
दीवारें दर्पण की दर्द दिखाती दहलीज़ पर,
दिन दहाड़े दिल की दहलीज़ पर दर्पण का दर्द।

##

दास्तानों का दर्द दर्पण में दामन को दिखाए,
दिल की दीवानगी दर्पण में दर्द की दहशत दिखाती,
दीवानों की दर्पण में दिल का दर्द दर्ज़ कराई,
दर्द दीवानगी के दौर में दिल का दर्पण दिखाता।

##

दिन की दहलीज़ पर दीवानगी का दर्द दर्पण देखा,
दर्पण में दीवाने दिल के दर्द का दामन दहाई,
दहशत दिल की दर्पण में दीवारों के दर्द देखे,

दीवानगी की दहलीज़ पर दर्द का दर्पण दिखाए।

##

दर्पण का दर्द
दर्द का दरिया
दर्पण के दिलचस्प दास्तान
दामन में दर्द की दास्तान

ध

धरा पर धूम और घना घमासान

धूम धाम से घूमे घाम

घनघोर धुंध का धावक

घुमावदार धूप के धाम

##

घर के घेरे में धूमधाम से घूमती धरती धीरे घनघोर

धारा का घेरा, घुमेरी धूप का घाव

धूप और घाम की धमक

धुआँधार घाम की धूम

##

ध्रुवतारा के ध्रुवीकरण में ध्रांति का ध्रुव संधान,

ध्रायस्व ध्रुवपद में ध्रुवीय ध्रुवत्व का धावक ध्रुवांक।

ध्रुव संज्ञान में ध्रुव समाधान की ध्रावित धावण,

ध्रुव संकल्प में ध्राविका की ध्रुवीभूत ध्रुवास्था ध्राव्य।

##

ध्रुव संकेत में ध्रुवपथ की ध्रावणीयता का ध्रुवान्वेषण,
ध्रुवीकृत ध्रावकों का ध्रुव संवाद में ध्रुवीय ध्रुवास्पद।
ध्रुवप्रिय ध्रुवप्रेम में ध्रुवाधिपत्य की ध्रावित ध्रावण,
ध्रुवपद की ध्राविका में ध्रुव संज्ञान का ध्रुवीकृत ध्रुवीकरण।

##

धवल धरा धूमिल धूप धरणी ध्यान धारा ध्वनि
धवल धरा धूमिल धूप धरणी ध्यान धारा ध्वनि,
धरा धूमिल धूप धरणी ध्यान धारा ध्वनि धवल,
धूमिल धूप धरणी ध्यान धारा ध्वनि धवल धरा,
धूप धरणी ध्यान धारा ध्वनि धवल धरा धूमिल।

##

धृष्ट धीरज धरा ध्यान धूर्त धंधे पर
धृष्ट धीरज धरा ध्यान धूर्त धंधे पर,
ध्यानपूर्वक धरा धीरज धृष्ट धूर्तता।
धंधे धूर्त धरा ध्यान धीरज धृष्टता,
ध्यान धरा धूर्तता धंधे पर धीरज।

##

धनी धरती धन धान्य से,
धान्य से धन धरती धनी,

धरती धनी धान्य से धन,
धन धान्य से धरती धनी।

##

धन्नो के धागे धीरे धीरे धरती धूल में धंसते गए,
धीरे धीरे धरती धूल में, धन्नो के धागे धंसते गए,
धंसते गए धीरे धरती में, धन्नो के धागे धूल धीरे।

##

धरती पर धूम धमाके से घनघोर घमासान धमके,
धूमधाम से घर घर में घूमे धोबी का घोड़ा,
घना घमंड घटा नहीं घड़ी घड़ी धरा पर धरके,
घूरता घायल धड़कन घटती धूप में धूमिल धुंधला।

##

धीरे धीरे धुंध घिरे घड़ी की घंटी धमकी,
घर के घेरे में धनी धोबी घूम घूमकर घास चरे,
धुंआ धुंआ घड़ा घड़ाला घनघोर धुंध में धुंधलाता,
घूरते घमंडी घन धरा पर धूप में धीरज धरे।

##

धमकी धमकी घूरती धरती पर घना घुसा धूमिल,

घूरते घायल धड़कनें घड़ी धूम से घुमड़ती,
घर घर की धड़कन घनघोर घमासान में धरकी,
धरती के घेरे में घूमता धीरे धीरे धूप घुली।

##

घनघोर घमासान में धरा,
धूप से धूमिल धुंधला,
घड़ी घड़ी धड़कनों की,
धूम धरती पर धरकती,

##

धूमधाम से धूमिल घाम धूल धूसरित घेरे,
धरती घूमे घाम पे धावक धाम से घिरे,
घुमड़ता धूप का घेरा धान्य घर में धरे,
धूमिल धाम में घुलता घुलाबी धुंधला घेरा।

##

धरा पर धूल घूमे, धुंधले घाम में धाम के,
घुमावदार धूप घेरे, धूल से घूल जाए,
धुंध घिरी धरती पर घूरते घाव के धागे,
धारा के घात में घूमे घुमंतू का ध्यान।

##

धारदार घास में धूल घुलती घनघोर धाम,

घटता घनघोर धूप का घेरा धाम घुमेरे,

धुएँ की धार से घायल धरा धूलि घुलावे,

घनघोर घात पर धूप की धारा धूमिल धरे।

##

धूमिल धुंध में घूलते धुएँ के घेरे,

धरा की धार में घुमंतू धान्य की धार घिरी,

घर के घेरे में धूप घुले धुआंधार घाम,

धाम में धूमधाम से घूमती धरती धीरे।

##

धारदार धूप घेरे घर की धुआंधार धूल,

घर घेरे धूल में घूमे धूप की धारणा,

धुआंधार घाम के घेरे धान्य धरा धरे,

धाम घिरे धुंधला घेरा धूप का धूमधाम।

##

घनघोर धुंध में धूमधाम से घूमे धरती का धाम,

धूल धूसरित धाराओं में घुलती घास की धार,

धावक घोड़े की धड़कन घनी धूप में धमके,

धरनी की धूप घेरे घर की घड़ी घुमेरे धीरे।

##

धरती के घनघोर धूल में घूमते धूप के धाम,
धाम से धारण किये घूली घाम की घटा,
धान्य के घर में धुआं घेरे धूल धूसरित धुआँ,
धूमिल घास पर धारा घुली घुमेरी घाम धीरे।

##

धारा घुमेरी घर के घेरे में धूप धाम के धीरे,
घूमती धूल में धरती के घर की घड़ियाँ,
धुंध के घनघोर घेरे में घूलता घास का धाम,
धीरे धीरे घुमावदार धूप घनी धरती पर धमके।

##

धरा की धड़कन घनघोर घूप से धमके धाम,
घरती की घड़ियाँ धूल से घिरी धुंध में धाम,
धूमिल धार की धारणा घेरे घूली घाम की घटा,
घाम के घेरे में घर की घड़ी घूमे धुआँधार।

##

घर की घड़ी घुमेरे घूमते धूमधाम से घाम,

घुलते घास की धार में धूल धुंधली धूमिल घास,
धावक धरनी घूमती धूल के घेरे में धूप की धार,
घाम धुआँधार की धारा घुले घुमेरी धरती की धूप।

##

धारा की धूम से घेरा घास का घनघोर घाम,
घूमे घड़ी की धार में धरती की धमकी धार,
घुमेरी घाम में धरा का घेरा घुलती धूल,
घनघोर घास की धुआँधार घाम से धूप घुमेरे।

##

धरती की घड़ियाँ घनी घाम में घेरे घुलती धार,
धूमधाम से घुलते घास के घेरे में घुमेरे धार,
घाम घेरा घुमेरी घड़ी की धूप धरा पर धमके,
घेरे घाम के धूम में धुलते धूप की धुआँधार।

##

धार की धुआँधार घुलती घूमती धरती के घेरे,
घर के घेरे में घुमावदार घास का घाम धमके,
धूल की धार में घूमे घड़ी का घेरा धूम से,
घेरे में घाम के घूप से धूलती धारा का घेरा।

##

घेरा धूमधाम का घर के घाम में घुलता धार,
घरती धमकी घुलते धूप के घाम से धार की घड़ी,
घास की घनघोर धूप में घेरा घुलता घूमधाम,
घर की घुमेरी घड़ी में घाम का घेरा धार घुले।

##

धाम की घड़ी घुलती घर के घाम में धूप की धुआँ,
धूम से घुमेरी घाम के घेरे घनघोर धार में घुले,
घुमेरी धार की घड़ी में घूमती धरती की घाम,
घाम के घेरे में घर के घेरे घुले धूप के घाम।

##

घुमेरी घास पर धूप की घड़ियाँ धमकी घेरे,
धरती की धार में घुलती घूमती घाम की धार,
घनघोर घास का घेरा धूमधाम से धमकता,
घाम की घड़ी में धूल के घेरे घुमेरे धीरे।

##

धूप के घेरे में घर की धूल से घुमेरी धार,
घेरती घाम के घाव में धूमधाम का घनघोर घेरा,
धारा की धमक में घर के घास पर घुमेरी घाम,

धूमिल धरती पर घुलती घूप की घड़ियाँ धेरे।

##

घाम घड़ी के घेरे में घूमता धुआँ धारा धमके,
धरती का घेरा घुमेरी घास की धूल में घुले,
घनघोर घाम का घेरा धुआँधार की धूप से धुले,
धूप की घड़ियाँ घर के घेरे में घूमे धर धरके।

##

धाराओं की धमक में घुले घूमती धूप का घेरा,
घर के घेरे में घुलती घूली धूप घाम की धार,
घास की घड़ियाँ घेरे घूमे धूमधाम की धारा,
घेरती घूप की घड़ियाँ घाम के घनघोर धुआँधार।

##

घनघोर घूम की धारा घुमेरी घाम में धुएँ,
धुआँधार धूप का घेरा घास पर घुलता घड़ी,
घर की धुआँधार धमक में घूलती धूप की धार,
धूमधाम से घेरे घाम की घड़ियाँ धुआँ में घुले।

##

घनघोर धूप में घूमती धारा, घाम धरती पर धमके,

घास की घाटी में धूल से घिरी धूप का घेरा घुले,

धार के घुमेरी घड़ी में धरती का घाम घुमावदार,

धमकती धूप में घेरे की घड़ी घाम से घेरा धुआँ।

##

घाम धूल में घुलते धुएँ की धार, घुमेरी धरती का घाव,

धूप की घड़ी धरके धारा में घेरती घास का घाम,

घर के घेरे में धूमिल धूल घूमे, धूप का धावक धार,

धूप से घेरे घाम का धेरा, घास की घाटी घुमेरी धमक।

##

धरती के घेरे में घुमेरी घड़ी, घूप के घाम धूलते,

धुआँधार धूप घेरा घरती धारा की घड़ी घुले,

घास का घेरा घनघोर धमके धूप की धूल में घुमेरी,

घुले घाम की घड़ी धरती की धार में धूप की धुआँ।

##

धाम की धूप में घेरे का घुमावदार घास घूमे,

घर की घड़ी में घुमेरी धूप की धारा धुआँधार,

धूल की घड़ी घूमती धरती पर घाम की धूप,

घूप का घेरा घर में घनघोर धुआँ घास की घड़ी।

##

घुमेरी घड़ी में धूप की धूल, घाम की धारा धरके,
घास के घेरे में घुमावदार धूप घनघोर धमकती,
घर के घेरे में घूमती धूल, धार की घड़ी में घुले,
घाम की धूप का घेरा धरती की धूल में धूमधाम।

##

घनघोर घाम के घेरे में धरती की धूल धूमिल,
धूप की धड़कन में घुले घास की घुमेरी घड़ियाँ,
घर के घेरे में धुआँधार धूप का धावक धमके,
धारा की घुलन में घुमेरी धूप की घटा घरकी।

##

धूप का घाव घर में घुमेरी घड़ी के घेरे,
घनघोर धारा की धूम से घेरे घाम का घेरा,
घर की धूल से घुलती घूप के घास की घटा,
धरती की घड़ी घुमेरे घूमती धूप में धुआँ।

##

घरती का घाम घुलती धूप में घेरे का धुआँ,
घुमेरे घड़ी में घूमता धूप का घनघोर घाव,
धुआँधार घूप की घटा घेरे घर की धूल में,

धमकी धूप की धार में घाम का घेरा घुले।

##

घूमती घड़ी में धुआँधार घाम की धूम धारा,
धरती की घुमेरी घास में घुले घूप का घेरा,
घनघोर धूप की घड़ियाँ घर के घेरे में घमके,
घेरे में घाम का धुआँ धूल में घूमे धरकी।

##

धुआँधार धूप में घुमेरे घड़ी का घेरा धारा,
घाम की घटा में घर की धूल से घुले धूप,
घुले घास की घड़ियाँ धाम की धूम से घनघोर,
धरती के घेरे में घुमावदार घूप की धारा धमकी।

न

नटखट नवाब की नौटंकी

नृत्य करते नटराज ने नापा नक्षत्रों को
नीरज के नीरस निबंध नयनों में निर्मल निराशा निर्मित,
निबंधों में नीरज का नीरव निर्णय नीरसता निवारण।

##

निबंधों की नीरसता में नीरज का निर्भीक निर्वाह,
नीरस निबंधों को नीरज ने निपुणता से नवीनतम निखारा।
नीरज की नीरसता नवीन निर्माण का नेतृत्व करे,
नीरस निबंध में नवोन्मेष की नींव नीरज ने निर्धारित की।

##

नवीन के नीले नवरत्न नक्षत्रों की नायाब निगाहों में,
नवरत्नों की निराली नीलिमा नवीन की नैसर्गिक निधि।
नीले नवरत्नों का नाजुक निखार नवीन की नज़रों में नवीनतम,
नवीन के नीले नवरत्न नज़रों की नमी में नयनाभिराम।

##

निमिष की नाविक निपुणता नदी के नालों में नायाब,
नाव को नाविक निमिष निपुणता से नदी में नवाये।
नाविक निमिष की नाव में नृत्य करते नौका विहार,
नदी के निर्मल नीर में नाविक निमिष का नाम नगर में निखरे।

##

निधि की नीली नाविका नदी में नाचे निरंतर,
नौका विहार में निधि ने निपुणता से नाव सँभाले।
नीरव निशा में नीली नाविका निखरती नज़र आए,
नाविका की नाव में निधि के नवगीत नवीन लगे।

##

नीले नभ में नचते नक्षत्र, नाच निराला नजर आया,
नदियों की नादान नज़ाकत में, नमकीन नजरिया नया साया।
नर्मदा के निर्मल नीर में, नैसर्गिक नजारे ने नयन मोहे,
नारायण की नाम लेकर, नर ने नव नीति का नया नियम बोये।

##

नागिन की नृत्य में नाजुकी, नक्काशी नफीस नज़र आई,
नानक ने नाम जपा जब, निर्मल नीति की निराली नाद सुनाई।
नखलिस्तान में नवाज़िश से, नवेली नार ने नज़र उठाई,
नक्काशीदार नक्शे में, नयनों की नजाकत ने नज़ारा बदलाई।

##

नदी के नर्म नीर में नव नीलकमल निखरे,

नानक की नाव में नाम का नाद निहारे।

नवाबों की नगरी में नाचते नज़ारे नज़र आए,

नयनों में निद्रा की नज़ाकत में निशा ने नूर बिखेरे।

##

नागिन की नादानी में नागरिकों का नाच नज़र आया,

नारी की नाजुकता में नायिका की नश्वरता नज़र आई।

नवरात्रि की नवेली नीलिमा में नारायण का नाम,

नूतन नववर्ष में नवांकुरों का नवीन नमन।

##

नंदन के निमंत्रण में नवनीत की नम्रता निखरी,

नानक की नाव में नागरिकता की नायाब नाविका नज़र आई।

निर्झर की निर्मल नदी में नीरज की नीलिमा ने,

नवोदित नक्षत्रों के नीचे नूतन नाट्य निर्मित किया।

##

निर्भीक निशांत ने निर्णायक निष्कर्ष में निपुणता निभाई,

नगर की नाटकीयता में नायिका की नज़ाकत ने नया नज़ारा
निर्माण किया।

निश्चिंत निर्वाण की निधि में नाना निर्देश निहित हैं,

नयनों के नीर में निर्मल नादानियों की नवीनता नज़र आती है।

##

नितिन के निर्माणात्मक नवाचार नीतियाँ, निर्माणात्मक नवाचार नीतियाँ नितिन के,

नितिन का नवाचार निर्माणात्मक नीतियों से नवीनतम, नवाचार नीतियाँ नितिन की निर्माणात्मक।

नितिन निर्माणात्मक नवाचार नीतियाँ नवीनीकृत,

निर्माणात्मक नवाचार नीतियाँ नितिन नवीनीकृत।

##

नेहा की नवीनतम नृत्य निर्देशन निपुणता, नवीनतम नृत्य निर्देशन निपुणता नेहा की,

नेहा का निर्देशन नवीनतम नृत्य निपुणता से निर्मल, नृत्य निर्देशन निपुणता नेहा की नवीनतम।

नेहा नवीनतम नृत्य निर्देशन निपुणता निखारे,

नवीनतम नृत्य निर्देशन निपुणता नेहा निखारे।

##

निमिष के नवनिर्माण नक्षत्र नाटक, नवनिर्माण नक्षत्र नाटक निमिष के,

निमिष का नाटक नवनिर्माण नक्षत्र से नवीन, नक्षत्र नाटक निमिष का नवनिर्माण।

निमिष नवनिर्माण नक्षत्र नाटक निर्देशित,

नवनिर्माण नक्षत्र नाटक निमिष निर्देशित।

##

नीला की नैसर्गिक नवोदित नवीनता, नैसर्गिक नवोदित नवीनता नीला की,

नीला का नवोदित नैसर्गिक नवीनता से निखरा, नवोदित नवीनता नीला की नैसर्गिक।

नीला नैसर्गिक नवोदित नवीनता निर्माण,

नैसर्गिक नवोदित नवीनता नीला निर्माण।

##

निर्मल के नीति निर्धारण निपुणता, नीति निर्धारण निपुणता निर्मल के,

निर्मल का निर्धारण नीति निपुणता से निर्मित, निर्धारण निपुणता निर्मल का नीति।

निर्मल नीति निर्धारण निपुणता निखारे,

नीति निर्धारण निपुणता निर्मल निखारे।

##

निधि के नीलिमा निभाई निर्मलता, नीलिमा निभाई निर्मलता निधि के,

निधि की नीलिमा निर्मलता से निभाई, नीलिमा निधि की निर्मलता निभाई।

निधि नीलिमा में निर्मलता निभाई निखरे,
नीलिमा में निर्मलता निधि निभाई निखरे।

##

नीलम के नीरव नखलिस्तान निहारिका, नीरव नखलिस्तान
निहारिका नीलम के,

नीलम का नखलिस्तान नीरव निहारिका से निखरा, नखलिस्तान
निहारिका नीलम के नीरव।

नीलम नीरव नखलिस्तान निहारिका निखारे,

नीरव नखलिस्तान निहारिका नीलम निखारे।

##

निखिल के नीले नक्शे निराले, नीले नक्शे निराले निखिल के,

निखिल का नक्शा नीले निरालापन से नवाज़ा, नक्शे निखिल के
नीले निराले।

निखिल नीले नक्शे निराले नवाज़े,

नीले नक्शे निखिल निराले नवाज़े।

##

निमित के नीम निकुंज में निवास, नीम निकुंज में निवास निमित
के,

निमित का नीम निकुंज में निवास, निवास निमित का नीम
निकुंज में।

निमित नीम निकुंज में निवास निभाए,

निकुंज में निवास निमित नीम निभाए।

##

नीली नीलोफर के नयन नखरीले, नखरीले नयन नीली नीलोफर के,
नीलोफर के नयन नीले नीले, नयन नीले नखरीले नीलोफर के।
नीली नीलोफर नयन नखरे से निहारे,
नयन निहारे नीले नीलोफर ने नखरीले।

##

नयन निर्झर निर्मल निखर नित्य नव नीलिमा निर्भय निवास,
निर्झर निर्मल निखर नित्य नव नीलिमा निर्भय निवास नयन,
निर्मल निखर नित्य नव नीलिमा निर्भय निवास नयन निर्झर,
निखर नित्य नव नीलिमा निर्भय निवास नयन निर्झर निर्मल।

##

नव नील नीरज निर्मल निधि निवास निर्भय निश्चल,
नील नीरज निर्मल निधि निवास निर्भय निश्चल नव,
नीरज निर्मल निधि निवास निर्भय निश्चल नव नील,
निर्मल निधि निवास निर्भय निश्चल नव नील नीरज।

##

नटखट नंदलाल ने नव नील नक्षत्र नजराने नचाए,

नंदलाल ने नव नील नक्षत्र नजराने नचाए नटखट,

ने नव नील नक्षत्र नजराने नचाए नटखट नंदलाल,

नव नील नक्षत्र नजराने नचाए नटखट नंदलाल ने।

##

नित नवीन निर्माण नृत्य निभाए,

निर्भीक नयनों में निधि नजर आए।

नक्काशी ने नक्कारखाने में नक्कार निकाला,

नक्कारखाने में नक्कार निकाला नक्काशी ने।

##

नटखट नाचते नव निमिष में नर्तकी नादानी नम्रता,

नम्रता नादानी की नर्तकी नव निमिष में नाचते नटखट,

नव निमिष में नाचते नर्तकी नादानी, नम्रता नटखट।

##

नन्हें नक्चधारी नाग ने नाच नचाया, नर्मदा के निर्मल नीर में,

नासमझ नवाब ने नखरे निखारे, नानी के नुस्खे नजरअंदाज किए,

नजरअंदाज किए नासमझ नवाब ने नखरे, निखारे नानी के नुस्खे।

##

नर्म नदी के नाव में नाचे नटखट नवाब,

नाविक ने नव निर्मित नाव को नापा नजर से,

नखरीले नवाब की नौटंकी नदी में नाच नाच,

नदी के नाले ने नापी नाव की नाजुक नब्ज।

##

नटखट नारी ने नाव पर नक्काशी नक्काश की,

नाजुक नदी के नक्काशीदार नाव में नाचे नट,

नगर के नागरिक ने नमकीन नखरों को नचाया,

नवाब की नाव में नारंगी नाचे नापतूला नज़ारा।

##

निम्न नदी की नाव में नाचे नृत्यांगना नटनी,

नाविक की नजरें नटनी पर नाच नाच कर नगारे,

नक्षत्रों की नजर में निर्बाध नाचती नवेली नार,

नादान नागरिकों का नाम नक्काशी में नज़र आया।

##

नदी के निकट नवेली नाव में नौटंकी निराली,

नाराज नवाब ने नक्काशी नज़रअंदाज की नज़र से,

निखर के नाची नटनी नवाब के नजदीक नदी में,

नम्र नखरों के नाच ने नगर को नाचा नया नजारा दिया।

##

नाकाम नाविक ने नक्काशीदार नाव में नजर डाली,

नवाब की नौटंकी नदी में नाक नक्काश के संग नचाई,

निर्बल नारी की नर्म नादानियाँ नाव में नजर आईं,

नागरिकों की नज़रें नाचती नटनी पर नखरीली नज़रों से।

##

नटराज का नृत्य नक्षत्रों में नया नजराना,

नाचे नट नदी के नालों पर नृत्य करता नारायण,

नवाब के नाम ने नाच नजरी नापी नक्षत्रों की,

नाड़ी की नाप ने नम्र नटी को नरम नजरों से निहारा।

##

निडर नाविक नट ने नदियों की नवेली नाव नापी,

नाम निखारते नगर के नटखट नवाब नजर आये,

नाचते नाचते नगर ने नवेली नार को नक्षत्रों संग नज़राया,

नये नये नम्र नज़ारे ने नारायणी नृत्य को नवाज़ा।

##

नक्षत्रों का नाच नटखट नाविक ने नापा नाजुकी से,

नर्म नदी में निखरे नयन नारी के नृत्य ने नचाया,

नाच नजरों ने नाजुक नक्षत्रों को नगर में निहारा,

नट की नाक के नीचे नवाबी नदी ने नाच नाम कमाया।

##

नाराज़ नवाब ने नटखट नटराज को निहारा नदी में,

नया नाच नागरिकों ने नक्षत्रों के नाप पर नचाया,

नाकाम नज़रों से नटी ने नवेली नाव में नाची,

नरम नदी के नाले ने नक्काशी का नया नाज उठाया।

##

नटराज ने नवीन नदी में नृत्य निखारा नाचते,

नाविकों के नाम पर नगर की नाव ने नटखट नाची,

नम्र नाच में नटखट नट का नर्तन नवाब ने नापा,

नाच नाच कर नक्षत्रों की नज़र में नर्तकी नयन नज़राए।

प

पागल पपीहा का पराग
पागल पपीहे की परिक्रमा
पंखों की परिक्रमा
प्रतिबिंबित प्रभाती प्रतिज्ञा
प्रभावी प्रसाद की प्रतिज्ञा

##

कच्चा पापड़, पक्का पापड़,
पापड़ को पका के, कच्चा पड़ा।
पक्के पापड़ को कच्चा पड़ा देख,
पापड़ पकाने में पक्का पड़ा।

##

कच्चा पापड़, पक्का पापड़
कच्चे पापड़ पे पक्का प्रहार
पक्के पापड़ पे कच्ची बार,
पापड़ कच्चा, पापड़ पक्का
पापड़ के पीछे पक्का पापड़

##

पागल पपीहा पराग पे पानी पीने पहुंचा,

पर्वत पर पीपल के पत्तों पर पराग पीता पहुंचा,

पालकी पर पांच परियों का परिचय पाया पपीहा,

परागण की पाठशाला में पगडंडी पर पाठ पढ़ाया।

##

पटाखों की पटपटाहट में पतंगों का पेच फँसा,

प्रेमी परिंदे प्रेमिका के पंखों को परखने पहुंचे,

पंखुरियों पर पड़ा पाला, पपीहा पीपल पर पुकारा,

पत्थरों पर पानी की पिचकारी, पर्वत पर प्रेम पुकारा।

##

पतझड़ में पागल पत्तों का पंखुरी पर प्रहार,

प्रतिध्वनि पार्क में पायल की परिपाटी पूछे,

पानीपत की प्राचीन पुरानी पालकी प्रकाशित हुई,

परिंदों का परिवार पालने पर पाठशाला पहुंचा।

##

पालनहार प्रतिपालक प्रेम पर पापड़ बेले,

पिछली पेढ़ी के पिता पर परिवर्तन का प्रयास,

पानी पर पतंगा पंख पसारे, पकड़ने परिणाम,
प्रभावित पाठकों का प्रबंधन प्रतियोगिता प्रस्तावित।

##

पठार के पास पायल की पटपटाहट परेशान करे,
पश्चिमी पवन पर पानी के पैकेट प्रसारित करें,
पूजा के पत्र पर पैन पड़ा, प्राणी प्रस्ताव पर भरे,
प्रकृति के पर्व पर प्रेम प्रस्तुत परिष्कार पहने।

##

पागल पपीहा पीपल पर पंख पसारे पड़ा,
पानी पीने पोखर पर पदचाप पर पथरा गया,
पर्वत पर पुराने पेड़ पे पंछी पंख फैलाए,
पानी के प्याले पर परिंदा प्यास बुझाने पहुँचा।

##

पानीपुरी पकड़ प्रेमी प्रिया पर पड़ी पाबंदी,
प्रतिपल प्रियतमा प्रेम से परिपूर्ण प्यार पिलाए,
पार्क में पेड़ों पर पड़ती परछाईं परिवर्तित,
परिधान पहने प्रियतमा पर पुलकित प्रेम प्रकटाया।

##

परिक्रमा करते पुतले पर प्रहार पड़ता प्रचंड,
प्रांगण में परागण करते परागित पुष्प पर पवन,
प्रचुर प्रेम में पिघलते परिवेश में प्रवीण प्रेमी,
प्राचीन पेड़ पर पंछियों की प्रीति प्रसरित परवान।

##

परबतिया पर पंचमी के पवन परिहास पसरे,
पर्णकुटी में पाठशाला पर परीक्षा की परिधि,
प्रणय निवेदन पर परिधान की प्रस्तुति प्रतिपादित,
पानी की प्यास में परिजनों का परिवाद परिलक्षित।

##

प्राची के प्रवेश पर पतंग पर पकड़ प्रबल पाई,
प्रखर प्रदेश में प्रवासी प्रवाह पर परिचय पाए,
प्राकृतिक परिदृश्य में पर्वत परिक्रमा पर पाए,
प्रस्तावना पर प्रस्तुत प्राचीन प्रेम प्रसंग प्रकाशित।

##

पंखुड़ियों के पास पानी के पर पड़े पुराने प्रहर,
प्रेमिका के पर्व में पवन परिचालित पतंग प्रफुल्लित,
प्रस्तुत परिक्रमा पर पानीपुरी पकड़े परेशान प्रेमी,
प्राची पश्चिम पर पालन पर पुष्पित पंख परिवहन।

##

प्रदेश के प्रमुख पर्वत पर पड़ती पानी की पिचकारी,
परिमलित पराग के पार पंखुरियाँ परस्पर परिचित,
परिणाम पर पर्व का प्रयोग प्रसन्नता प्रदान करे,
पठानी पोशाक पर पतंगों की परिक्रमा परिलक्षित।

##

पत्तियों की पड़छाई पर पद्माकर पादुका पहने,
पांडुरंगा के पर्व में पंख प्रदर्शित पंचवटी पर,
पुष्पांजलि की प्रस्तुति पर पात्रों की परिक्रमा पूरी,
पालना में पलकों के पर्दे पर पुनः परिपाटी पढ़ी।

##

प्रातःकाल परिणाम की प्रतीक्षा में प्रवाल परिधान,
परिषद की परीक्षा में पारित प्रतिज्ञा का प्रारंभ,
पार्थिव प्रेम की परीक्षणी में परिपूर्ण परिचय परिणाम,
प्रतिपल परिचारिका का प्रतिपादन परिचित पथिक पर।

##

प्राचीन पुरातत्व की प्रशंसा में पुराने परिचित प्रवाह,
पारिजात के पुष्पों पर पराग प्रवाहित प्रमुख प्रहर,

परिचालन का प्रमाण प्राप्त पर्वतमाला प्रकाशित,
प्रथम प्रांत के प्राचीर पर परीक्षण का प्रतिबिम्ब परिलक्षित।

##

प्रभात में प्रतिबिंबित प्रतिज्ञा की प्रखर परिचय,
पानी की परतों पर प्रतिबद्ध प्रकाश परिपूर्ण प्रतिध्वनि,
प्रसन्न प्रवाह प्रसरित पर प्रविष्ट प्राचीन प्रवाह का पाठ,
प्रतिक्षण परिवर्तित पर्व का परिवेश पर प्रथम प्रतिष्ठित।

##

प्राचीन प्रतिमा की प्रशंसा में परिपूर्ण प्राण प्रवाहित,
पार्श्वनाथ पर्वत पर प्रविष्ट प्राकृतिक प्रतिकूलता,
पात्रों की प्राथमिकता पर प्रत्यक्ष प्रभाव प्राप्ति,
प्रसाद प्रांगण में प्रतिष्ठित प्रतिनिधि प्राणपूर्ण प्रस्तुति।

##

प्राचीर से प्राप्त प्रशंसा के प्राणी पर प्रबल प्रतिसाद,
प्रत्याशित प्रस्तावना की प्रतिक्रिया प्राचीन प्रतीक्षा में,
प्राणप्रिय प्रेयसी के प्रेम प्रस्ताव पर प्रतिभाशाली प्रस्तुत,
प्रखंड प्रवेश पर प्रतिबद्ध प्रतिज्ञा प्रतिपल प्रतिपुष्ट।

##

प्राकृतिक प्रतिबिंब में प्रकट प्राणवान प्रतिमान,
प्राण प्रवाह की परिक्रमा में प्रसारित प्रखर प्रतिभा,
पर्यवेक्षण पर प्रासंगिक प्रस्तावों का प्रागुक्त प्रसंग,
प्रतिपादित प्रज्ञा की पराकाष्ठा प्रसाद पर प्रस्तावित।

##

प्रतिकूल परिस्थितियों में प्रखर प्रतिस्पर्धा प्रचलित,
प्राप्त परिणामों पर प्राण प्रसूति के प्रतीक प्रस्तावित,
प्रसन्न परिचर्चा में प्रतिबद्ध प्रतिशोध की प्रतिष्ठा,
प्रत्येक प्रवाह पर प्रमुख प्रतिष्ठान में प्रचलन प्राप्त करे।

##

प्रत्येक प्रात का प्रारम्भ प्राणवंत प्रसार से,
पराग के पत्तों पर पड़ते प्रभात के पहले प्रहर,
परिधि पर प्रकाश की परछाईं प्रतिबिंबित प्रकृति में,
प्रवाहित पानी पर प्रतिफलित प्रकाश प्रतिभाशाली।

##

प्रदेश के प्रमुख पथिक प्रतिपल परीक्षण प्रस्तुत करें,
परीक्षा की परिस्थिति में प्रवीण पराक्रमी प्रतिभा,
प्राचीन प्रस्तावों की प्रासंगिकता पर प्रतिबिंबित प्रवचन,
प्राणघातक परिमाण में प्रसूति के प्रसारित परामर्श।

##

परिमल पर परिचित प्रेमियों की प्रणय परिणति प्रतीक्षित,
परिसर में प्रतिध्वनित प्रणय गीत प्रेम परिधान सजे,
प्रगतिशील प्रेम प्रसंगों का परिवेश परिमार्जित करें,
प्राणी प्रेम के प्रतिबंधित प्रवाह को प्राप्त प्रस्थान।

##

प्रकृति की प्रत्येक प्राणी प्रज्ञा पर प्रतिबिंबित करें,
प्रवाह के प्रत्येक प्रस्थान पर प्रचुर प्रभाव प्रस्तुत,
प्राचीन प्राच्य प्रतीकों के प्रतिच्छेदन में प्राण प्रसूत,
प्रगतिपथ पर प्रत्येक पदचिन्ह प्रसारित प्रख्याति पर।

##

प्रारंभिक प्रस्थान के प्रस्ताव पर प्रथम प्रतिपादन,
प्रासंगिक प्रवचन में प्रमुख प्रतिनिधित्व परिचालित,
परीक्षा के प्रस्तुत परिणाम प्रत्यक्ष प्रशंसा पायें,
प्राणपूर्ण प्रतिज्ञा की प्रस्तुति प्राचीर पर प्रमाणित।

##

पार्थ की पतंगों का पर्व पवन में परिपूर्ण परिप्लावित,
पतंगों की पेच में पार्थ का पराक्रम प्रतियोगिता परिणाम।

पर्व की प्रत्येक पतंग पार्थ के प्रयास से परिपूर्ण,
पतंगबाजी के पर्व में पार्थ की पतंग प्रधान प्रदर्शित।

##

प्रीति के प्रफुल्लित प्रपंच प्रतिपल प्रसन्नता प्रसारित,
प्रपंच के प्रचार में प्रीति की प्रफुल्लता प्रदर्शित।
प्रफुल्लित प्रपंच में प्रीति का प्रसाद प्रभावी प्रतिध्वनित,
प्रपंच प्रेम की प्रस्तुति में प्रीति की प्रगति प्रमुख प्रकाशित।

##

प्रतीक के प्रतिबिम्बित प्रतिमान प्रकाश के प्रतिपल प्रखर,
प्रतिबिम्बित प्रतिमाओं में प्रतीक का प्रतिभा प्रतिष्ठान प्रमुख।
प्रतिमान की प्रतिबद्धता में प्रतीक के प्रतिबिंब प्रतिष्ठित,
प्रकाशित प्रतिमान में प्रतीक की प्रतिभा प्रकाशमान प्रत्यक्ष।

##

प्रियंका के पापड़ पर प्रयोग प्रकृति प्रेम प्रदर्शित करे,
पापड़ पकाने पर प्रयोग प्रियंका प्रसन्नता से परिपूर्ण।
पापड़ के प्रत्येक पीस पर प्रियंका का प्रेम प्रतिबिंबित,
प्रकाश में पापड़ पकाने का प्रयोग प्रगतिशील प्रतीत होता।

##

प्रकाश के पकौड़े का प्रसार पूरे प्रदेश में प्रसिद्ध,
प्याज के पकौड़े पर प्रकाश प्रेम से परोसे प्रतिदिन।
पकौड़ों की प्लेट पे पुदीने की पत्ती प्रकाश प्रेम से रखे,
प्रकाश के पकौड़े प्रेमियों के पेट की प्यास पूरी करे।

##

प्रिया के पराठे का प्रचार पूरे प्रदेश में प्रसिद्ध,
पनीर पराठे पे प्रिया प्रेम से प्रसादी परोसें।
प्रतिदिन पराठे पकाने की प्रक्रिया प्रेमपूर्वक पूरी करें,
पराठे की प्लेट पे प्याज़ का पीस प्रिया के प्रेम का प्रमाण।

##

प्राचीन प्रतिमाओं में प्रतिभा की प्रचुरता प्रकट होती है,
प्राकृतिक प्रसंगों में प्रस्फुटित प्रेम की प्रतीति प्रमुख।
प्रगति के प्रत्येक पदचाप में प्रेरणा के प्रसारण का प्रभाव,
प्रारब्ध की प्रगाढ़ परिपाटी में प्राणप्रिय प्रणय निवेदन प्रस्तुत।

##

प्रतिरोध की प्रत्यंचा से प्रसारित प्रखर प्रहारों का प्रयोग,
प्रयाण की प्रतीक्षा में प्रियजनों का प्रेममय प्रतिस्पर्श प्रमोदित।
प्रतिकूल परिस्थितियों में भी प्राप्त प्रज्ञा की प्रशंसा प्रतिध्वनित,
प्रभु की प्रतिष्ठा में प्राणों का प्रतिपूर्ण प्रदान प्रार्थना प्रेरित।

##

पवन की पालकी में परियों का पर्व पाया,
पानी के पर्दे में पाखी का परिचय छिपाया।
प्रकृति के परिदृश्य में परिमल प्रवाहित होता,
पाठशाला के प्रांगण में प्रतिभाओं का प्रदर्शन पाया।

##

पुस्तकों के पन्नों में पुरानी परंपराएँ पलतीं,
प्रयोगशाला की परीक्षणों में परिणाम परिपूर्ण पाए गए।
पलकों के परदे पीछे प्रेम के पल प्रतीक्षित होते,
प्रतिज्ञाओं की प्रतिध्वनि प्राचीरों में प्रतिबिंबित होती।

##

प्रतीक के प्रागैतिहासिक प्रदर्शनी प्रेरणा, प्रागैतिहासिक प्रदर्शनी प्रेरणा प्रतीक के,

प्रतीक का प्रदर्शनी प्रागैतिहासिक प्रेरणा से प्रभावित, प्रदर्शनी प्रेरणा प्रतीक का प्रागैतिहासिक।

प्रतीक प्रागैतिहासिक प्रदर्शनी प्रेरणा प्रस्तुत,
प्रागैतिहासिक प्रदर्शनी प्रेरणा प्रतीक प्रस्तुत।

##

प्रिया की प्रेरणास्पद प्रकृति प्रसंग, प्रेरणास्पद प्रकृति प्रसंग प्रिया की,

प्रिया का प्रसंग प्रकृति प्रेरणास्पद प्रज्ञान से पूर्ण, प्रकृति प्रसंग प्रिया की प्रेरणास्पद।

प्रिया प्रकृति प्रसंग प्रेरणास्पद प्रस्तुति प्रदान,

प्रकृति प्रसंग प्रिया प्रेरणास्पद प्रस्तुति प्रदान।

##

पूजा की पारम्परिक परिधान परिक्रमा, पारम्परिक परिधान परिक्रमा पूजा की,

पूजा का परिधान पारम्परिक परिक्रमा से प्रेरित, परिधान परिक्रमा पूजा की पारम्परिक।

पूजा पारम्परिक परिधान परिक्रमा प्रदर्शित,

पारम्परिक परिधान परिक्रमा पूजा प्रदर्शित।

##

प्रियंक के प्रेरणादायक प्रस्तुति प्रभाव, प्रेरणादायक प्रस्तुति प्रभाव प्रियंक के,

प्रियंक का प्रस्तुति प्रेरणादायक प्रभाव से परिपूर्ण, प्रस्तुति प्रभाव प्रियंक के प्रेरणादायक।

प्रियंक प्रेरणादायक प्रस्तुति प्रभाव प्रसारित,

प्रेरणादायक प्रस्तुति प्रभाव प्रियंक प्रसारित।

##

प्रतीक के प्राचीन प्रतिमा प्रदर्शनी, प्राचीन प्रतिमा प्रदर्शनी प्रतीक के,

प्रतीक की प्रतिमा प्रदर्शनी प्राचीन प्रभाव से परिपूर्ण, प्रतिमा प्रतीक की प्रदर्शनी प्राचीन प्रभाव।

प्रतीक प्राचीन प्रतिमा प्रदर्शनी प्रस्तुत,

प्रदर्शनी प्राचीन प्रतिमा प्रतीक प्रस्तुत।

##

प्रणव के प्रयोगशाला में प्रतिक्रिया प्रचुर, प्रयोगशाला में प्रतिक्रिया प्रचुर प्रणव के,

प्रणव की प्रयोगशाला प्रतिक्रियाओं से परिपूर्ण, प्रतिक्रिया प्रणव की प्रयोगशाला में प्रचुर।

प्रणव प्रयोगशाला में प्रतिक्रिया परीक्षण,

प्रयोगशाला में प्रतिक्रिया प्रणव परीक्षण।

##

प्रकाश के पराठे प्रियंका पकाए, प्रियंका पकाए पराठे प्रकाश के,

पराठे प्रकाश के प्रियंका पकाए, पकाए प्रियंका पराठे प्रकाश के।

प्रियंका पराठे प्रकाश के पकाए,

पकाए पराठे प्रियंका प्रकाश के।

##

प्रताप के पतंगे पंख पर, पंख पर पतंगे प्रताप के,

प्रताप के पतंगे पंखों पर परेड करें, पंख पर पतंगे परेड प्रताप के।

प्रताप पतंगे पंख पर परेड परिचालित,

पतंगे प्रताप के पंख पर परेड परिचालित।

##

पंकज के पकोड़े प्रिय प्रकार के, प्रिय पकोड़े पंकज के प्रकार के,

पकोड़े पंकज के प्रिय प्रकार के, प्रकार के पकोड़े प्रिय पंकज के।

पंकज पकोड़े प्रिय प्रकार से पकाए,

पकोड़े प्रिय पंकज प्रकार से पकाए गए।

##

प्रीति की परीक्षा पर परी, परी परीक्षा प्रीति की,

परीक्षा में परी प्रीति के पास, प्रीति परीक्षा में परेशानी।

प्रीति परीक्षा पास परी के साथ, परी प्रीति की पाठशाला,

परीक्षा में परी और प्रीति, परस्पर प्रश्न पत्र परेशान।

##

प्रतिध्वनि प्राचीन प्रतिबिम्ब प्रदर्शन प्रलेख प्राणपोषक प्रसाद,

प्राचीन प्रतिबिम्ब प्रदर्शन प्रलेख प्राणपोषक प्रसाद प्रतिध्वनि,

प्रतिबिम्ब प्रदर्शन प्रलेख प्राणपोषक प्रसाद प्रतिध्वनि प्राचीन,
प्रदर्शन प्रलेख प्राणपोषक प्रसाद प्रतिध्वनि प्राचीन प्रतिबिम्ब।

##

प्रिय प्रतिमा प्रभाव प्रतिपल प्रस्ताव प्रणय प्रलय प्रेरणा,
प्रतिमा प्रभाव प्रतिपल प्रस्ताव प्रणय प्रलय प्रेरणा प्रिय,
प्रभाव प्रतिपल प्रस्ताव प्रणय प्रलय प्रेरणा प्रिय प्रतिमा,
प्रतिपल प्रस्ताव प्रणय प्रलय प्रेरणा प्रिय प्रतिमा प्रभाव।

##

प्रफुल्लित प्रतिबिंब प्रकाश प्रलय प्रस्तुत प्राची प्रांगण में,
प्रतिबिंब प्रकाश प्रलय प्रस्तुत प्राची प्रांगण में प्रफुल्लित,
प्रकाश प्रलय प्रस्तुत प्राची प्रांगण में प्रफुल्लित प्रतिबिंब,
प्रलय प्रस्तुत प्राची प्रांगण में प्रफुल्लित प्रतिबिंब प्रकाश।

##

प्रिय पंकज पर पराग पड़े परिपूर्ण प्रेम प्रकाश पुंज,
पर पराग पड़े परिपूर्ण प्रेम प्रिय पंकज प्रकाश पुंज।
परिपूर्ण प्रेम प्रकाश पुंज पर पराग पड़े प्रिय पंकज,
प्रकाश पुंज प्रिय पंकज पर पराग पड़े परिपूर्ण प्रेम।

##

प्रिय परिधान पहने प्रणव प्रिया पार्क प्रेम प्रसंग प्रचारित,
परिधान पहने प्रणव प्रिया पार्क प्रेम प्रसंग प्रिय प्रचारित।
प्रणव प्रिया पार्क प्रेम प्रसंग प्रिय परिधान पहने प्रचारित,
प्रचारित प्रिय परिधान पहने प्रणव प्रिया पार्क प्रेम प्रसंग।

##

प्रियंका परीक्षा पे पहेली पूछे प्रफुल्लित प्राणों से,
पहेली पूछे प्रियंका परीक्षा पे प्रफुल्लित प्राण।
पे परीक्षा प्रियंका पहेली पूछे प्रफुल्लित प्राणों से,
प्रफुल्लित प्राण प्रियंका परीक्षा पे पहेली पूछे।

##

प्रफुल्लित प्रकाश प्रपंच प्रस्तुत करे,
प्रगति पथ पर प्रवाहित प्रकाश प्रवीण।
प्रणाम प्रकृति प्रदान प्रकाश प्रखर,
प्रलय प्रतीक्षा में प्रकाश प्रबल प्रहर।

##

प्रिय प्रतिमा के पास परिमल पुष्प पड़े,
परिमलित पथ पर प्रिय प्रतिमा प्रदक्षिणा पड़े।
पदचाप प्रकाशित प्रतिध्वनित परिधि पर,
प्रतिमा प्रणय प्रस्ताव पर प्रमुदित प्रणयी पड़े।

##

प्रगति पथ पर परिश्रम परिपूर्ण,
प्राणी प्रेम प्रवाहित परम पाए।
पतंगे पीले पानी पे पंगत पर पड़े,
पानी पे पंगत पर पड़े पतंगे पीले।

##

पापड़ पर प्रतिबिंबित पर्वत प्राचीन प्रस्तर प्रफुल्लित,
प्रफुल्लित प्रस्तर प्राचीन पर्वत प्रतिबिंबित पर पापड़,
प्रतिबिंबित पर्वत प्राचीन प्रस्तर, पापड़ पर प्रफुल्लित।

##

परिपूर्ण प्रतिभा प्रपंच पर प्रहार करती प्रगति की पथ पर,
प्रफुल्लित प्रकृति प्रतिपल प्रस्फुटित पुष्पों का प्रसार,
प्रसार प्रफुल्लित प्रकृति प्रतिपल, प्रस्फुटित पुष्पों का परिपूर्ण।

##

प्रिया के पापड़ प्राण प्रिय पंकज पर प्रहार प्रस्तुत करते,
प्राण प्रिय पंकज पर प्रहार, प्रिया के पापड़ प्रस्तुत करते,
प्रस्तुत प्रहार पर पंकज प्राण, प्रिया के पापड़ प्रिय करते।

##

प्रिया की पिंक पतंग, पतंग पे पिंक प्रिया,

पिंक पतंग प्रिया की, प्रिया पतंग पे पिंक,

पतंग पिंक, प्रिया पिंक, पिंक पतंग, प्रिया पिंक।

##

पंकज के पापड़ पके पर पके पापड़ पंकज ने पकड़े,

पापड़ पके पर पंकज के पापड़ पकड़ परेशान,

पकड़े पापड़, पके पापड़, पंकज के पापड़ पकड़े।

##

प्रीतम के पापड़ पकाने पर प्रिया परेशान,

पापड़ पकाने प्रीतम के, प्रिया परेशान पड़ी,

प्रिया परेशान, प्रीतम के पापड़ पकाने पर।

फ

फुर्तीला फ़कीर का फ़न
फुसफुताता फनी फकीर
फकीर फल फूलों पर फेरी फेरता।

##

फुर्तीला फ़कीर फल फूलों का फेरा फिरता फिरे,
फ़र्श पर फेंके फूल फटाफट फैलाकर फिर फिराए,
फाँकने फागुन में फुलवारी के फूलों को फरमाया,
फौजी की फिरकी फंसी फ़न में फलसफा फिर फैलाया।

##

फ़िज़ा में फुसफुसाहट की फिरकी फिर फ़र्श पर फैले,
फाइलों का फंदा फांदकर फायदा फिर फाँदा फाँदे,
फौलादी फिरते फिराक में फ़िरोज़ा का फेरा फिरे,
फासले पर फुटबॉल फेंके फिरता फ़कीर फुर्ती से।

##

फलक पर फैली फिजाओं का फिर फुरसत से फसाना,

फिरकी फेंक फुटपाथ पर फुटबॉल फुदका फिर फिरा,
फर्शी फलों का फ़र्ज़ फिर फिरकी के फेरे में फँसा,
फासले की फांक में फंसी फुटपाथ की फर्शी फिराक।

##

फलसफे की फिराक में फिरते फुर्सती फ़कीर फानी,
फांसी का फंदा फाँदकर फुर्तीला फिर फुटपाथ पे,
फिर फलों की फसल पर फिदा फूलों का फर्मान फिराया,
फ़रेबी फौजी फंद में फँसकर फ़र्ज़ी फिर से फिराया।

##

फिराक में फुटबॉल का फंदा फुरसत से फैलाया गया,
फानूस की फीकी फिकर में फांट फिर फायदे का फानी,
फूलों की फुरसत में फलक पर फिर फिराई फिर फिरकी,
फिर फौजदारी के फेर में फँसकर फुसफुसाता फाख्ता।

##

फिरते फिरते फुर्सत के फेर में फ़कीर फटाफट फँसा,
फासलों की फ़रामोशी में फलक की फिजाओं में फंसा,
फ़र्श से फलक तक फिराया फिरकी फुर्तीले फानी का,
फसी फांसी के फंदे फांदते फिरते फुर्सती फ़कीर फानी।

##

फौलाद के फाटक पर फुर्तीले फ़कीर का फेरा,
फ़िरोज़ी फूलों की फिरकी से फिरकी का फिर फसाना,
फसी फांसी की फ़र्श पर फुटपाथ पर फुर्तीला फिरना,
फुर्सत के फलक पर फांसी के फंदे का फलसफ़ा फिर फैला।

##

फ़लक पर फिरते फ़िरोज़ा फूलों का फूला फसाना,
फुर्सत में फसी फांस की फ़र्श पर फ़कीर का फिरना फिरना,
फांकते फलाफल में फ़िरोज़ा की फ़िज़ा में फंसना,
फूलों के फ़सल पर फ़कीर का फुसफुसाता फ़र्ज़ी फेरा।

.

##

फिराये फ़कीर ने फ़िरोज़ी फ़र्श पर फुर्सत की फिरकी,
फायदे की फिक्र में फ़र्क फिरता फांसी का फ़र्ज़ फ़िरोज़ा,
फूलों का फेर में फांट के फूल फ़लसफ़ा फुर्तीला फानी,
फिर फ़कीरी के फ़र्ज़ में फिरता फ़कीर फांदा फलक पर।

##

फिरती फ़िज़ाओं का फानूस फुटपाथ पर फूलों की फिरकी,
फ़र्ज़ी फिराक में फ़िरोज़ी फ़र्श का फूला फानूस।
फारिग़ फ़कीर की फिरकी में फुर्तीले फ़िदा का फेर,

फ़िक्र में फ़र्क फ़िरोज़ी फूल के फिरते फानूस की फिरकी।

##

फासले फुर्तीले फ़िराक में फ़कीरी की फ़िरोज़ी फिरे,
फिरता फ़ारस की फिजाओं का फ़िदा फुर्सत में फ़र्ज़ी,
फानूस के फलसफे में फूलों का फ़र्ज़ फ़िराक में फंसा,
फुर्सती फ़ासलों का फ़िरोज़ा फ़कीर की फ़िरकी फिरे।

##

फिराया फ़कीर ने फलसफे की फिरकी फ़िरोज़ी फ़िज़ा में,
फिर फ़ायदे की फिराक में फांकती फुटपाथ की फ़िरोज़ाना,
फलसफे के फ़ासले फूलों की फुर्सत में फ़र्ज़ फिराया,
फिर फ़कीरी की फिरकी फ़िरोज़ी फ़र्श पर फानूस की फिरकी।

##

फ़िरोज़ी फ़िज़ा में फिरकी की फ़िराक फ़कीर फिरे,
फ़लसफे का फ़र्ज़ फ़िरोज़ा फारिग़ फ़िराक में फिरा,
फानूस में फिरकी फिरती फ़िदा की फिराक फिर फ़िरोज़ी,
फ़िदाई फ़िरोज़ी फिर फलसफे के फ़र्ज़ में फ़र्ज़ी फिरे।

##

फ़िरोज़ी फ़िज़ा की फ़िरकी फ़िदाई फिराक में फ़िदा,

फ़िराक के फासले में फ़िदाई फिरकी की फ़िदा फ़िरोज़ी,
फिराक में फ़िरोज़ी फ़िज़ा की फ़िरकी फ़िरोज़ी फ़िरे,
फानूस के फर्श पर फिरती फिरकी की फिदा फुर्तीली
फायदेमंद।

##

फानूस की फिरकी में फुसफुसाती फिज़ा का फेर,
फलक पर फैले फूलों की फिरकी फुर्तीला फसाना,
फिरता फ़कीर फुर्तीले फिरकी का फंद फांदे,
फर्श से फलक तक फैली फिरकी की फिराक फिरोज़ी।

##

फिर फिराक में फिरते फ़कीर की फुर्ती फिरोज़ी में फैली,
फ़ासलों की फ़िज़ा में फुर्सत की फिरकी फलक पर फ़िरोज़ी,
फिर फलसफे की फुर्तीली फिरकी फिरोज़ी फ़िज़ा में फैली,
फानूस की फुर्सत में फिरोज़ी फ़िज़ा फ़र्ज़ी फ़कीर फ़िराया।

##

फुर्तीला फिरकी का फ़ेरा फलक पर फिरोज़ी फायदा लाए,
फलसफे के फ़ायदे में फ़िरोज़ी फिरकी फुर्सत से फैलाए,
फिरकी की फिराक में फासले पर फानूस की फिरोज़ी फैली,
फलक पर फ़िरोज़ी फ़िज़ा की फ़िरकी फानूस फिराक फिरे।

##

फानूस की फिरकी में फ़िरोज़ी फिरोज़ा फ़िज़ा फिरती,

फुर्तीले फ़िरोज़ा फिरकी की फिरोज़ी फ़िदा में फ़िराक,

फ़िदा की फ़िरकी फिरोज़ा फानूस में फ़िरोज़ी फैली,

फायदेमंद फिरकी फ़ासलों की फ़िदा में फ़िरोज़ी फानूस फ़िराया।

##

फ़िरोज़ी फिरकी फुर्तीले फ़कीर की फ़िदा में फिरती,

फ़िज़ाओं का फायदा फ़िरोज़ी फानूस के फ़िराक में फ़ैली,

फ़र्ज़ी फ़कीर की फुर्सती फ़िज़ा में फ़िरोज़ी फ़िदा फ़ैली,

फायदे की फिरकी में फ़ासले की फ़िरोज़ी फुर्तीली फानूस।

##

फिजाओं में फैला फूलों का फागुन, फिर फिराक में फसाना,

फर्श से अर्श तक, फलक के फासले ने फिर से फसलें उगाना।

फानूस में फ़िरोज़ी फ्लेम का फिरकी सा फलसफा, फरियादी फिर फसाने में,

फुरसत के फलसफे में, फिक्रमंद फिक्रों का फासला, फिर भी फायदेमंद फसाना।

##

फुरतीले फकीर की फटकार में, फरारी का फैसला फिर फासले में,

फुलझड़ियों की फुहार में, फौजी की फ़र्ज़ का फलसफा, फिर फसलों का फसाना।

फिजूल की फिक्र में फंसे बिना, फायदे का फिरसत में फैसला, फिर भी फिराक में फसाने का फन, फलसफे का फूलों ने फिर फसाना।

##

फलक पर फूलों की फिजां फैली,

फागुन की फुहारों में फसलें फलीं।

फिर फिरकी की फरफराहट में फंसे,

फुर्सत के पल फिर फलसफे फैले।

##

फाख्ता की फड़फड़ाहट में फसाने,

फिक्र के बिना फिर फिराया फेरा।

फर्श पर फैले फूलों का फरहाद,

फिर भी फिदा फासलों का फेरा।

##

फरीद की फारी फिर फिरी, फिरी फारी फरीद की,

फिर फिरी फारी को फरीद ने फेरा फिराया।

फेरा फिराई में फरीद की फारी,

फिर फिर के फरीद की फंसी फारी फिराया।

##

फलक फर्श पर फेंके फानूस फिर फिसलन फीका फसाना,

फर्श पर फेंके फानूस फिर फिसलन फीका फसाना फलक,

फेंके फानूस फिर फिसलन फीका फसाना फलक फर्श पर,

फानूस फिर फिसलन फीका फसाना फलक फर्श पर फेंके।

##

फुर्तीले फाख्ता फिर फिराके फलक फिरंगी फैलाये,

फिर फिराके फलक फिरंगी फैलाये फुर्तीले फाख्ता।

फिराके फलक फिरंगी फैलाये फुर्तीले फाख्ता फिर,

फलक फिरंगी फैलाये फुर्तीले फाख्ता फिर फिराके।

##

फुर्तीला फैजान फलक फैलाए फर्राटे से,

फैलाव फलक पर फैजान फुर्तीला फर्राटा।

फर्राटे से फैलाव फैजान फलक फुर्तीला,

फैजान फर्राटा फुर्तीला फलक फैलाए।

##

फुर्तिली फाल्गुनी फेरे फलक पे,

फिर फिरकी सी फिर फलांग जाए।

फरफर फानूस फिर फिरकी में फंसा,
फिर फिरकी में फंसा फरफर फानूस।

##

फुसफुसाती फिजा में फूलों की फहराती फैलाव,
फैलाव फहराती की फूलों में फिजा फुसफुसाती,
फिजा में फूलों की फहराती फैलाव, फुसफुसाती।

##

फिर फिसलते फागुन में फूलों का फैलाव फिर से,
फुसफुसाते फर्न के फाहे फेंके फैंसी फुलवारी में,
फैंसी फुलवारी में फुसफुसाते फर्न के फाहे, फेंके फिर फिसलते।

##

फफक-फफक कर फुलझड़ियाँ फूटीं, फरफराती फाइलों का फसाना,
फिर फिरकी फिराते फरिश्ते, फंदे में फंसी फसल का फलसफा,
फलसफा फिर फिरकी फिराते, फरिश्ते फंदे में फंसी फसल की।

##

फिरकी की फिराक में फंसे फरहान फफूंदी फेंक फांदे,

फिराक में फंसे फिरकी की, फरहान फफूंदी फेंक फांदे,
फेंक फांदे फिराक में फंसे, फिरकी की फरहान फफूंदी।

##

फिरकी वाली फुलवारी में फूलों ने फिरकी फिराई,
फूलों की फिरकी, फुलवारी में फिराई गई,
फिरकी फिराई फूलों ने, फुलवारी में फिरकी वाली।

ब

बावली बूच की बाते।

बरगद के बीच बंधन।

बरगद की बातों में बुद्धि का बल।

बुलंद बरगद की बातें बच्चों के बड़े बादल की बरखा।

##

बावली बूच बजाए बांसुरी, बगिया में बहार बिखराए,

बंदर बजाए बाजा, बंबू में बैठ बलखाए,

बालक बने बहादुर, बंदूक से बारूद बरसाए,

बादल बरसे बिन बात, बदरी बरसात बन जाए।

##

बड़े बब्बर शेर की बड़ी बहादुरी बहुत बोली,

बजरी के बीच बजा बांसुरी, बाघ बना बावला,

बर्फीली बावली बूंदों में बर्फ की बरात बढ़ी,

बाजे बारात में बाजा, बराती बने बेलगाम।

##

बाजार में बिके बंधन, बिना बंधे बनिये बिकाऊ,
बरसाती बूंद में बहते बही बन बाहर आए,
बालू की बर्फी में बसी बर्फ की बारीकी,
बरगद की बांहों में बैठा बादल बच्चों संग खेले।

##

बादशाह की बातें बेबाक, बागी बने बड़बोले,
बंधुओं की बांधव में बांटी गई बराबरी की बात,
बस्ते में बंद बस्तियों का बचपन बड़ा बहादुर,
बहानों की बाजी में बाजीगर बने बाजीराव।

##

बसंती बहार में बरसे बागों की बहारें,
बिजली की बड़ी बिन्दास बौछारें बड़ी बहाल,
बालकनी में बिठाया बाबा ने बड़े बाबू को,
बुलबुल की बोली में बोले बातें बड़ी बेबाकी से।

##

बरगद के बीच बंधन बिठाए बंदर बड़े बड़बोले,
बच्चों की बालगीत में बदली बहकी बहारें बोली,
बसने के बाद बस्ती में बाज़ार बना बड़ा बुलंद,
बंधने लगे बाजी के बेबाक बयान बरगद के बीच।

##

बड़े बेआबरू बने बंदर बरगद के बाजू में,
बालसभा के बच्चे बिठा बातें बनाई बाजारूखी,
बेबसी की बात बिसरा बरबस बहके बहुत बरगद,
बागों की बहार में बजी बंसी बरबस बहुत बहार।

##

बिल्ली के बच्चे बरगद पर बैठे बजा रहे बांसुरी,
बचपन की बरगद बातें बीती बरसों में बुलाती,
बुढ़ापे में बच्चे बालपन की बातें बड़ी बताते,
बरसाती बादल बातों का बहाना बन बजाते।

##

बदलते बरगद के बाजू में बड़ी बड़ी बस्तियां,
बजती बिजली की बाजू में बाजारों का बकाना,
बदलाव की बयार में बढ़ी बहार की बयानी,
बरगद की बचती बच्ची बच्चों को बहुत बहलाती।

##

बाज़ार में बढ़ते बच्चों का बजता बाजा बड़ा,
बगीचे के बरगद के बाजू में बजे बचपन का बाजा,

बरगद का बड़प्पन बांटता बच्चों में बराबरी,
बागों की बहार में बांसुरी की बातें बांधती बाजार।

##

बरगद के बूढ़े बाबा ने बच्चों को बुद्धि की बातें बताई,
बच्चों के बाल मन में बुद्धिमानी की बातें बसाई,
बातों में बजती बाँसुरी की बधाई बरसाई बजाई,
बुद्धि के बल पर बुलंद बरगद ने बच्चों को बढ़ाया।

##

बजते बरसात में बाग की बरगद बिजली बरसाता,
बुद्धि बलवान बच्चों का बाल खेल बड़ा बहादुर,
बाजार की बहक में बच्चों का बागवान बना बड़ा,
बरगद का बचपन बुजुर्गों की बातें बुद्धिमान बनाया।

##

बड़े बड़े बरगद के बीच में बूढ़े बरगद बड़बड़ाते,
बच्चों की बड़ी बड़ी बातों पर बड़ी बड़ी बारिश बरसे,
बड़बड़ाते बरगद की बड़ी बुद्धि बच्चों को बढ़ाती,
बाल सवालों की बारिश में बागवानी का बल बुझाती।

##

बालकों के बजते बाजे बरगद की बातें बचाती,
बिखरती बिजली की बातों में बच्चे बढ़ते बड़े बुलंद,
बादलों की बरसात में बाग के बरगद बरबस बचते,
बच्चों की बुद्धिमत्ता बगिया के बरगद को बदलते।

##

बुद्धि की बातों में बचपन का बाग बढ़ता बुलंदी पर,
बारिश के बाद बरगद की बाहें बच्चों को बुलातीं,
बड़ी बातों का बड़ा बुर्ज बनाते बरगद के बीच में,
बुद्धि के बुलंद बाजार में बच्चे बड़े बन बजाते।

##

बरगद की बातों में बाँध बिठाए बड़े बुजुर्गों की बचपन,
बच्चों के बाल बुद्धि में बुनी बातों की बरछी बनी,
बुजुर्ग बरगद की बुद्धिमत्ता बच्चों को बढ़ाती बजाई,
बाग की बहार में बाँसुरी बजाती बालक की बहकाई।

##

बादशाह के बालक बरगद के बड़े बुजुर्गों से बातें करते,
बरसाती बादलों की बूँदों से बरगद का बल बरसता,
बुजुर्गों की बातों में बाल बुद्धिमत्ता की बालबातें बर्खास्त,
बागवानी के बातों का बच्चों में बढ़िया बुलंदी।

##

बरगद के बीचों-बीच बुने बच्चों के बुलंद बजार,
बच्चों के बालकपन का बुद्धि भरा बड़ा बरगद,
बड़े बादल की बरखा में बचपन की बुद्धिमत्ता बजती,
बरगद की बुलंदियों में बच्चों का बुद्धि बड़ा बाजार।

##

बच्चों का बड़ा बुद्धिमान बरगद के बालक बने बादशाह,
बागवानी के बीच बजती बारिश की बातें बुलंदी लाई,
बड़े बुजुर्गों के बाल सवालों की बजाई बड़ी बुद्धि,
बाजार में बच्चों के बुद्धि भरे बड़े बालक बजाए।

##

बिंदु के बंदूक से बुलबुले बन बारूद बिखेरे,
बंदूक की बारूद से बुलबुले बाजार में बहके।
बुलबुले बिखरे बिंदु के बंदूक के बहाने,
बिंदु की बंदूक के बुलबुले बच्चों के बीच बेहद बहादुर।

##

बबलू की बंदूक से बजती बारूद की बारिश,
बुलबुल का बसेरा बसंत में बहार लाए।

बगिया में बुलबुल बोले बड़े बेबाक से,

बबलू की बंदूक बगिया के बहाने बने।

##

ब्रह्मांड के ब्रीड़ में ब्रह्मा की ब्राह्मणता ब्रह्मानंद संजोए,

ब्रह्मचारी के व्रत में ब्रह्मविद्या का ब्राह्मणवाद ब्रह्मभाव से भरे।

ब्रज की ब्रजभाषा में ब्रजधाम की ब्रजलीला ब्रजवासियों का ब्रह्मज्ञान,

ब्राह्मी लिपि में ब्राह्मणों की ब्राह्मण्यता का ब्राह्मणसंहिता ब्रजभूमि में ब्रज।

##

बहती बयार में बसंती बहार बिखेरे,

बंजारों के बसेरे में बंदिशों के बोल बजे।

बड़े बुजुर्गों की बातों में बचपन की बदली,

बरगद की बाहों में बीते बरसों की बातें बुने।

##

बिना बात के बहाने में बाज़ार की बहक,

बेबाक बयानों में बसी बेबसी के बोझ बिखरे।

बर्फीली बर्फबारी में बर्फ की बारीक बरकतें,

बिजली की बखिया उधेड़ती बदली की बारिश बजे।

##

बाँसुरी के बहाने बसंत बहार बजाई,

बटोही बने बादल बिन बरसे बह गए।

बालपन की बातों में बहके बार बार,

बंधनों में बंधे बिना बर्फ बने बहाव।

##

बगीचे में बहार की बदली बारिश बरसी,

बिखेर बगिया में बूंदों की बारीक बारिश।

बदलते बरसात में बिजली की बारी बारी,

बुझती बाती में बहुतेरी बची बारीकी।

##

बिन्दु की बायोटेक बुद्धिमत्ता बहस, बायोटेक बुद्धिमत्ता बहस
बिन्दु की,

बिन्दु का बहस बायोटेक बुद्धिमत्ता से ब्रह्मांडीय, बुद्धिमत्ता बहस
बिन्दु की बायोटेक।

बिन्दु बायोटेक बुद्धिमत्ता बहस बरते,

बायोटेक बुद्धिमत्ता बहस बिन्दु बरते।

##

बिनीता की बुद्धिमती बागवानी बिचार, बुद्धिमती बागवानी
बिचार बिनीता की,

बिनीता का बिचार बुद्धिमती बागवानी से भरपूर, बागवानी बिचार बिनीता की बुद्धिमती।

बिनीता बुद्धिमती बागवानी बिचार बुने,

बुद्धिमती बागवानी बिचार बिनीता बुने।

##

बिंदु के बंगले की बुलबुलें, बंगले की बुलबुलें बिंदु के,

बिंदु की बुलबुलें बंगले में, बंगले में बिंदु की बुलबुलें।

बिंदु बंगले में बुलबुलें बुलाए,

बंगले में बिंदु की बुलबुलें बुलाए।

##

बबलू की बिल्ली बिल्लौरी, बिल्लौरी बिल्ली बबलू की,

बिल्लौरी बिल्ली बैठी बालकनी, बालकनी में बैठी बिल्लौरी।

बबलू बोला बिल्लौरी बिल्ली, बालकनी से बाहर न झाँके,

बिल्लौरी बिल्ली बबलू की बात, बालकनी में बैठ भूली।

##

बड़े भैया की बीवी बाजार से,

बड़ी बिंदी बिना बताए बिना बाजे लाई।

बड़ी बिंदी बड़े भैया को भाई,

बड़े भैया की बीवी की बिंदी बड़ी बनाई।

##

बबलू बंगले बजाए बांसुरी बिना बहाने बिलकुल बेखबर,

बंगले बजाए बांसुरी बिना बहाने बिलकुल बेखबर बबलू,

बजाए बांसुरी बिना बहाने बिलकुल बेखबर बबलू बंगले,

बांसुरी बिना बहाने बिलकुल बेखबर बबलू बंगले बजाए।

##

बरसाती बदल बिन बादल बरसे बिना बंधन बहार,

बदल बिन बादल बरसे बिना बंधन बहार बरसाती।

बिन बादल बरसे बिना बंधन बहार बरसाती बदल,

बादल बरसे बिना बंधन बहार बरसाती बदल बिन।

##

बब्बर बंदर बन बजाये बंसी बिना बंधन,

बन बजाये बंसी बिना बंधन बब्बर बंदर।

बजाये बंसी बिना बंधन बब्बर बंदर बन,

बिना बंधन बब्बर बंदर बन बजाये बंसी।

##

बरसे बदरा बहके बंसी बजाये बालक बनवारी,

बदरा बहके बंसी बजाये बालक बरसे बनवारी।

बंसी बजाये बालक बनवारी बरसे बदरा बहके,

बालक बनवारी बरसे बदरा बहके बंसी बजाये।

##

बंबई के बाजार में बंगाली बाबू बबू बेचे बिना बंधन बंदूकें,
बाजार में बंगाली बाबू बबू बेचे बिना बंधन बंबई के बंदूकें।
बंगाली बाबू बबू बेचे बिना बंधन बंबई के बाजार में बंदूकें,
बंदूकें बंबई के बाजार में बंगाली बाबू बबू बेचे बिना बंधन।

##

बंबई बंगला बन्दर बंधु बजाए बांसुरी बहकाए बहकाए,
बंगला बन्दर बंधु बजाए बांसुरी बंबई बहकाए बहकाए।
बन्दर बंधु बजाए बांसुरी बंबई बंगला बहकाए बहकाए,
बहकाए बहकाए बंबई बंगला बन्दर बंधु बजाए बांसुरी।

##

बंदर बबलू बंबू पर बैंगनी बल्ले बजाए,
बैंगनी बल्ले बजाने बंदर बबलू बंबू पर।
बंबू पर बंदर बबलू बैंगनी बल्ले बजाए,
बजाए बैंगनी बल्ले बबलू बंदर बंबू पर।

##

बलवान बाबू बजाए बांसुरी बड़े बेबाकी से,

बांसुरी बजाते बाबू बलवान बेबाक बंदिशें।

बेबाकी से बांसुरी बजाना बलवान बाबू,

बांसुरी बजाने बेबाक बाबू बलवान बंदिशें।

##

बंदर बंबई बस में बैठा, बड़बड़ाए बिना बैठक,

बस बढ़े बंबई बीच बंदर बजाए बंसी,

बंदर बैठक बस में बैठे बंबई बहके,

बस बंदर बंबई बीच बजाए बिना बंसी।

##

भाषा के बंधन को बुनते हुए,

बहुरंगी भावों का बयार बहाए।

बड़ बबूले बार बार बंदर बने,

बार बार बंदर बने बड़ बबूले।

##

बंबई में बबलू बने बंबू

बंबू बने बबलू बंबई में,

बंबू बने बबलू बंबई में,

बबलू बने बंबू बंबई में।

##

बब्बर के बाबू बंबई बाजार बटुआ बिना बदहवास भागे,

बंबई बाजार बटुआ बिना, बब्बर के बाबू बदहवास भागे,

बदहवास भागे बंबई बाजार, बब्बर के बाबू बटुआ बिना।

##

बबलू के बब्बर शेर ने बंबू में बड़े बबूल बिखेरे,

बब्बर शेर ने बबलू के, बंबू में बड़े बबूल बिखेरे,

बंबू में बब्बर शेर ने बबलू के, बड़े बबूल बिखेरे।

##

बंटी की बंदूक बंदरों पर, बंदर बंटी पर बंदूक लिए,

बंदूक बंटी की, बंदर बंदूक के साथ,

बंटी बंदूक लिए, बंदरों पर बंदूक।

##

बड़े भैया की बीवी बिंदु,

बिंदु के भैया बड़े बिंब,

बिंदु की बिंब में बंद बिम्बी,

बिंदु की बीवी बिंब में बंद।

##

बबलू की बिल्ली बिल्लौरी,

बिल्लौरी बिल्ली बबलू की,

बिल्लौरी के बिल्ले बबलू के,

बबलू की बिल्लौरी बिल्ली।

##

बंबई के बंदरों ने बंदूक बजाई बारात में,

बंदूक बजाई बंबई के बंदरों ने बारात में,

बारात में बंबई के बंदरों ने बंदूक बजाई।

भ

भूले-भटके भालू की भूमिका
भालू की भागदौड़ भरी भूमिका
भाग्यशाली भालू का भव्य भ्रमण

##

भूले-भटके भालू ने भारी भरकम भोजन भकोसा,
भागते भूत की भांति भीड़ में भूचाल भूला भयानक,
भरी बरसात में भीगे भालू की भूमिका भूरी भयानक,
भूल भुलैया में भालू की भागदौड़ भरी भूमिका भूली।

##

भव्य भवन की भीतरी भित्ति पर भगवान का भव्य भाषण,
भीड़ भरी भवाली में भांति-भांति के भूत भरमाए,
भारतीय भाषा के भूले-भटके भविष्यवाणी भाजक,
भयानक भरी भूख में भिक्षुक का भोजन भरपूर भगाया।

##

भरी भीड़ में भटकते भूत के भोले भाव भरे भूत,

भूखे भालू की भीड़ में भयभीत भिक्षावृत्ति भड़काई,
भगदड़ में भागे भालू ने भूल से भाषण भरी भीड़ भड़की,
भरतनाट्यम में भी भाग्यशाली भालू का भव्य भ्रमण भाया।

##

भगवान की भक्ति में भावुक भक्त की भीगी भजन भावना,
भाग्य भरोसे भूतकाल की भूल भुलैया भूल भूलाया,
भूमंडल पर भयंकर भूचाल का भय भी भूले भटके,
भरोसेमंद भाई ने भूल से भाई का भरोसा भंग किया।

##

भरी बरसात में भव्य भरतनाट्य का भव्य भ्रमण,
भविष्यवाणी भरे भविष्य की भूमिका भी भरी भारी,
भीषण भूख में भटके भालू का भोजन भूल भुलैया,
भूलकर भी भूल न जाएँ भारी भरकम भूलों की भूल।

##

भिन्न भिन्न भाषाओं में भजनों की भावनाएँ भारी,
भक्ति में लीन भविष्यद्रष्टा की भूमिका भी भव्य,
भारत के भाग्य विधाता भूमंडल के भरोसे भजते,
भविष्य में भी भारी भूमिका की भाषा भूली नहीं जाती।

##

भीगते भारी बादलों में भालू की भटकी भूख,

भूतकाल की भीषण भारी भूलों का भयानक भय,

भगवान की भक्ति में भावना की भव्यता भरी,

भाई-भाई का भाव भरा भूमिका में भरा भविष्य।

##

भावुक भजन की भक्ति में भव्य भावनाओं का भरमार,

भरी महफ़िल में भालू की भूमिका भाषण भव्य बनाती,

भविष्यवाणी के भविष्य में भूत का भयानक भाग्य,

भूमंडल की भारी भरकम भरोसे की भावनाएँ भविष्य में भरी।

##

भूलों के भंवर में भविष्य की भूली भाषाएँ भरी,

भव्य भविष्य की भूमि पर भाषा की भरोसे की भावना,

भटकी भावनाओं में भालू का भूखा भयानक भाग्य,

भविष्यवाणी भरी भक्ति के भविष्य की भूली भावना।

##

भवन के भीतर भालू का भविष्यवाणी भरा भाषण,

भूमंडल पर भीषण भरी भूलों की भारी भावना,

भविष्य की भूमिका भूल में भविष्य की भूमिका बढ़ती भावना,

भावुक भक्ति में भालू की भाषा भव्य भवन में भाषण देती।

##

भरे बाज़ार में भूले भटके भालू की भूख बढ़ी,
भाषण की भावना भवन की भीतरी भूमिका में भूल गयी,
भविष्य की भविष्यवाणी में भूमिका भरी भावना भालू की,
भाग्य के भविष्य में भूली भावनाओं की भाषा भरी।

##

भावुक भूखे भालू की भूमि पर भविष्य की भावना,
भविष्य का भरोसा भक्ति की भूली भाषा में भरी,
भूली भाषा के भाव में भूमिका भालू की भरी,
भावना के भंवर में भाग्य का भविष्य भरी।

##

भालू की भविष्यवाणी भवन में भाषण की भावना,
भावुक भाषण में भव्य भूमिका की भाषा भूल गई,
भूली भाषा में भविष्य की भावना का भविष्य भरी,
भाषा की भविष्यवाणी में भावना का भविष्य भालू की भूमि पर।

##

भालू की भूमि पर भविष्यवाणी भाषण की भावुक भावना,

भारी भरकम भूलों की भूल भुलैया में भाषण भूला,
भूली भूमि की भविष्यवाणी में भाषण की भूल भरी,
भाषा की भविष्यवाणी भूली भूमिका में भव्य भरी।

##

भवन में भूमि की भूली भूमिका भाषण की भूल भरी,
भूली भविष्यवाणी की भाषण में भूमिका भालू की,
भविष्य की भावना भरी भूमिका में भूली भाषा,
भव्य भाषण में भालू की भूमिका भूली भविष्यवाणी।

##

भारतीय भूमि पर भालू की भाषण भूली भविष्यवाणी,
भूमिका में भूली भाषा भालू की भावना भरी,
भूली भाषण की भविष्यवाणी भूमि पर भावुक भरी,
भव्य भाषा की भूमि पर भूली भाषण की भावना।

##

भूली भूमि की भाषण में भावना की भावुक भाषा,
भूला भाषण की भूमि पर भविष्यवाणी भालू की,
भूली भूमि में भाषण का भव्य भावना भालू की,
भूमिका में भूली भाषण की भावना भारतीय भूमि।

##

भावना की भूमिका में भाषण की भूली भूल,

भालू की भविष्यवाणी भूमि पर भाषण की भावुक भूल,

भविष्यवाणी की भूमि में भावना की भूली भूल,

भारतीय भूमि की भाषण में भूली भावना भूमिका।

भालू की भूमिका में भाषण की भूल भुलैया।

##

भवन की भव्यता भानुप्रताप की भव्य भूमिका,

भव्य भवनों में भानु का भव्य भूषण भव्यतम भास।

भवन की भूमिका में भानु के भाव भरे भजन भव्य,

भानु की भव्य भविष्यवाणी भवन के भीतर भव्य भाषा।

##

भावना के भव्य भाग्योदय में भाग्यशाली भविष्यत भरमार,

भावना भविष्य के भव्य भाग्य को भावभीनी भक्ति से भरे।

भाग्य के भव्य भंडार में भावना की भविष्यवाणी भव्य,

भाग्योदय की भविष्यत में भावना का भाग्य भावपूर्ण भरे।

##

भ्रमण पथ पर भ्रामक भ्रांतियों का भ्रान्त संभ्रम,

भ्रूण हत्या पर भ्रांत भ्रातृत्व का भ्रमित भ्राजन।

भ्रष्टाचार के भ्रमित भ्रंश में भ्राजित भ्राजल का भ्रामर,
भ्रूण की भ्रांतियाँ भ्रमर की भ्रमित भ्रमणगति में भ्रमित।

##

भ्रज्जन की भ्रामरी में भ्रंशित भ्रंशाली का भ्रांत स्वर,
भ्रष्ट भ्राजल में भ्राजित भ्रष्टाचार का भ्रांति भ्रमण।
भ्रमित भ्रांतियों का भ्रमण पथ पर भ्रामक भ्रांत संधान,
भ्रातृव्य की भ्रांति में भ्रांत भ्रांतियों का भ्रष्ट भ्राजल।

##

भरे भंडार में भक्ति की भावना भरी,
भूले भटके भव सागर में भविष्य की भरपूरी।
भाग्य की भूमिका में भावुकता का भव्य भाषण,
भविष्यवाणी की भूल में भी भयंकर भूलों की भाषा।

##

भिन्न भिन्न भावों में भटकाव की भीड़ भाड़,
भाईचारे की भावना में भव्यता का भूषण भारी।
भूल सुधार में भूलों का भंडाफोड़ भव्य,
भव्य भूमिका में भाषा की भूमिका भावपूर्ण।

##

भूल भुलैया में भूतों की भरमार भयभीत करे,
भोर की भीनी भीनी भाप में भूले भटके भाव भरे।
भक्ति में भगवान की भावनाओं का भव्य भास,
भूखे भेड़ियों की भूख में भोजन का भव्य भंडार।

##

भाग्य की भाषा में भावुकता का भव्य भंडार,
भरी भीड़ में भी भाईचारे का भाव भरपूर।
भूले बिसरे भजनों में भक्ति की भव्यता भरे,
भावनाओं की भाषा में भावुकता के भाव भरे।

##

भरत के भव्य भवन में भक्ति की भावना भड़की,
भाग्य की भूमिका में भूलों की भूलभुलैया भरी।
भोर की भीनी भीनी भावना में भविष्य की भाषा भीगी,
भूमि की भूख में भव्यता की भावुकता भरपूर भरी।

##

भवानी की भक्ति में भविष्यवाणी की भावना भारी,
भुवन की भावुकता में भावनाओं की भरमार भरी।
भ्रम की भूलभुलैया में भाग्य की भूमिका भव्य,
भूखे भजन की भूमि में भोजन की भावना भव्यता से भरी।

##

भूमिका की भावुक भाषाविद् भ्रमण, भावुक भाषाविद् भ्रमण भूमिका की,

भूमिका का भ्रमण भाषाविद् भावुकता से भरपूर, भ्रमण भाषाविद् भूमिका की भावुक।

भूमिका भावुक भाषाविद् भ्रमण भोगे,

भावुक भाषाविद् भ्रमण भूमिका भोगे।

##

भावेश के भावभीनी भाषण भव्यता, भावभीनी भाषण भव्यता भावेश के,

भावेश का भाषण भावभीनी भव्यता से बंधा, भाषण भावेश का भावभीनी भव्यता।

भावेश भावभीनी भाषण भव्यता बिखेरे,

भावभीनी भाषण भव्यता भावेश बिखेरे।

##

भारत के भव्य भूगोल भाषण, भव्य भूगोल भाषण भारत के,

भारत का भूगोल भव्य भाषण से भास्वर, भूगोल भाषण भारत के भव्य।

भारत भव्य भूगोल भाषण बोले,

भव्य भूगोल भाषण भारत बोले भास्वर।

220

##

भावना की भावुक भव्य भजनालय, भावुक भव्य भजनालय भावना की,

भावना का भजनालय भावुक भव्य, भव्य भावुक भजनालय भावना का।

भावना भजनालय भावुक भव्य बसाई,

भजनालय भावुक भव्य भावना बसाई।

##

भूरी भालू की भारी भरकम भूख, भूखी भूरी भालू भरकम,

भूरी भालू भूखी बैठी बाग में, बाग में भूखी भूरी भरकम।

भारी भूख भरकम भूरी भालू बाग में बेर बीन बीन खाए,

भूखी भूरी बाग की बेर खाकर, भरकम भूख से भागे भाये।

##

भ्रमर भव्य भूषण भूल भुलैया भोज भाग्य भाला,

भव्य भूषण भूल भुलैया भोज भाग्य भाला भ्रमर,

भूषण भूल भुलैया भोज भाग्य भाला भ्रमर भव्य,

भूल भुलैया भोज भाग्य भाला भ्रमर भव्य भूषण।

##

भावुक भूमिका भूपेन्द्र भूमि भरोसे,

भूमंडल भर में भूमि भरोसे भावुकता।

भूपेन्द्र भूमि भाव भरे भाषण भरोसे,
भूमिका भरोसे भावुक भूपेन्द्र भाषण।

##

भरी बाजार में भड़भड़ाते भालू
भोले भाले बच्चे भागे भालू भूलू।
भयभीत भिखारी भी भागे भालू से,
भालू भी भागा भीड़ भांप भूलू।

##

भ्रमर भी भूल भुलैया में भटके,
भीषण भवर में भव्य भाग्य भाए।

##

भ्रमर के भीने भंवर में भव्य भोर की भक्ति भरी,
भीड़ भुलावे में भूले नहीं भव्यता की भाषा भरपूर,
भरपूर भाषा की भव्यता में भूले नहीं भीड़ भुलावे, भ्रमर के।

##

भभकती भांग भटकते भिखारी भोजन भूलभुलैया भ्रमण,
भटकते भिखारी भभकती भांग, भोजन भूलभुलैया भ्रमण
भभकती,

भोजन भूलभुलैया भ्रमण भभकती, भभकती भांग भटकते
भिखारी।

##

भोले भाले भिक्षुक भीमसेन भोजन भूल भुलैया भटके,

भीमसेन भोजन भूल भटके, भोले भाले भिक्षुक भुलैया,

भुलैया भटके भोले भिक्षुक, भीमसेन भोजन भाले भूल।

##

भावना के भाग्य में भूले भटके भूत भटके,

भूत भटके भावना के भाग्य में भूले भटके,

भावना के भाग्य में भूत, भूले भटके भटके।

म

मंगल मचाने वाले मजदूर मजे में मिट्टी मथते,
मच्छरों के मंडराने में मस्ती के मारे मगन मगन,
मंदिर की मीनारों में मौन मंत्र मुग्ध मन मचले,
माँ की ममता में मिलते मीठे मधुर मंत्र महकते।

##

मजबूत महल के मध्य में मंत्री महल के मज़ाक माजते,
माली की माला में माली के मधुर मिलने की महफिल,
मंद मंद मुस्काते मंदिर के मोड़ पर मोहक मूर्तियाँ,
माँगमान में मौन मधुमास के मिलन की मिठास में मचलते।

##

महकते मधुबन में मायावी मन के मनमोहक मंजर,
मिलन की मृदुल मधुराई में मुदित मन में मध्याह्न महोत्सव,
मैली मिट्टी के महल में मुफ़्त माटी के मटके मिले,
मंगल के मार्ग में महान मंच पर मचलते मनचले।

मनमोहक मुस्कान से मध्यरात्रि में मिलने मुंह मोड़े,

मान में मन के मचलने की मिठास में मिश्रित मर्मर,

मनमाने मोड़ पर मंथन के मायने मिट्टी में मिलाए,

मनमुटाव के मंच पर मैत्री की माला मजबूती से मालिए।

मौन मध्याह्न की माया में मंगल मार्ग के मालिक,

मुख्य मंच पर मनमानी में मुखर मंगल मिलन मुक्त,

माला में मिले मुखौटे के मुक्तक में मौन मुखरित,

मनमोहनी मुरली में मधुर मधुर मिलने का मधुर मचलता।

मंच पर मचाया मधुर मधुर मनोहर मेला माया,

मायावी मोर का मनमोहक मंडला में मन मचला,

महलों की माला में मधुर मिलाप का मंत्र मुखरित,

मार्गदर्शन में महान मित्रों का मंथन मिलान में मनाया।

मौसम के माहिर में माँग मायावी मधुराई मांगे,

मंत्री की मंच पर मानसिक मुद्रा में मौज मनाई,

मटके के मार्ग में मिले मुक्तक में माया मुक्त,

महानगर की मधुराई में मध्य में मुक्ति की माया।

##

मिलावटी मुस्कान के मारे मन मुद्रा में मुक्त मानी,
मुख्य मंच पर मुस्कान से महकते मध्याह्न के मायने,
माला में मोरनी का मनमोहक मिश्रण मनाया,
मुद्रा के मंच पर मानवी मंगल मुद्रा में मुक्त माना।

##

मनमोहक मुद्राओं में मानसिक मंथन का मेल महका,
मुख्य मंत्री के मंच पर मायावी मुखौटे की मुहिम,
मध्यरात्रि के मौसम में मधुर माया की मधुराई,
मार्गदर्शक की माया में मुख्य मंत्री का मंगल मंचन।

##

मंदिर के मार्ग में मध्यम माया के मंथन में मिलान,
मध्य में मुक्ति की माया मंदिर की मुद्रा में मांगी,
मधुर मुद्राओं के मंच पर मंगल मिलन की माया,
मुक्त मन की मंगल मुद्रा में मंगल मंत्र मुखरित मानी।

##

मुख्य मंदिर के मार्ग में मिलते मधुर मंदारिन मुस्कानें,

मिश्रित माया में मुदित मन मधुरिम मुहावरों में माहिर,
माँग में माथे की मुक्त मुद्रिका मध्याह्न में मनभावन,
मंत्रोच्चारण में मुग्ध मन मंदिर के मधुर माहौल में।

##

मदिर मायावी मौसम में मंच पर मंगल मधुराई मनाते,
मिलाप के मंत्र में मध्य मंदिर की मार्गदर्शिका में मंगल,
मधुबन की मोहक महिमा में मध्य मंगल महोत्सव मनाया,
मानवी माया के मंच पर मुक्त मध्य में मधुर संगीत मेला।

##

मांग में माया के मोती मध्यरात्रि में मंगल मानते,
मुद्राओं के मिलन में मंगल मंत्रों की महिमा महान,
मंगल्य की माला में मुद्रित मंद मुस्कानों का महत्व,
मध्यम पथ पर मायावी मौसम के मित्रों का मेल मिलाप।

##

मिठाई की मिठास में मिलन के मध्य में मधुर मुलाकातें,
महाकाव्य के मध्य में महत्वपूर्ण मंच पर मार्गदर्शन,
महत्वाकांक्षा के मार्ग में मायावी मौसम के महासागर,
मंच पर मिलन सूत्र में मिलावटी मधुरिम मंगल मुस्कान।

##

मुख्य मार्ग पर मधुर मिलाप की महफिल में मधुर माहौल,
मुद्राओं के मेले में मुखरित मंच का मुख्यालय महत्वपूर्ण,
मौसम के मध्य में मिलने की मुख्य मंशा मुख्य मंच पर,
मध्य भाग में मध्याह्न की महफिल में महत्वाकांक्षी मार्गदर्शन।

##

मुख्यालय में मंत्रों की महिमा मंगल महोत्सव में मगन,
मंगल की मध्य रात्रि में मिलने के मायने मुखरित,
मुदित मन मधुर गीतों के माला में मिलाप मन मनाते,
मायावी मौसम में मध्यप्रदेश के मंच पर महान महफिल।

##

मार्गदर्शक की महफिल में मध्य मार्ग पर मधुमेह की मिठास,
मुखर मंगल की मिठास में मायावी मौसम में मंगल भाव,
मध्यान्ह में मधुर संगीत की महफिल में मन मोहक माहौल,
माला की मिलावट में मिलन के मायने मधुर महसूस होते।

##

मध्य मैदान में महत्वपूर्ण मिलने की मुहिम महान,
मंगल की मायावी मिठास में मधुर मंत्रों की महफिल,
मुख्य मंच पर महत्वपूर्ण मुद्दों की मुख्य चर्चा में,

मानवता के मार्ग पर मध्य मायावी मंशा का मार्गदर्शन।

##

मायावी मंच पर मुख्य मुद्दों की महफिल मध्य में,
मानसिक मुहावरों की माला में मध्य मंत्रों का महत्व,
मुख्य मैदान में मिलाप की महफिल में मानवता महकती,
मुद्राओं के मेल में मधुर मंच पर मार्गदर्शन की मुहिम।

##

मुखर महानगर के मध्य मंच पर मायावी मौसम के मेले,
मध्य महोत्सव में मिलने की मानसिक मुहावरों की महक,
मंगल मार्ग पर मंच पर मुख्य मिलने की महफिल में,
मधुर मायावी मौसम के मेले में मंच की मुखर महिमा।

##

मीरा के मीठे मनोहर मोती मन को मोहित मन्त्रमुग्ध करे,
मोतियों की मिठास में मीरा का मनोहारी मिश्रण मधुर।
मीठे मोतियों की माला में मीरा की मनमोहक मुस्कान,
मोती मनोहरता में मीरा का मन मोहक मंथन मनाए।

##

मोहित की मोहक मोहिनी मुरलिया मधुर मधुरालाप में,

मुरली की मधुरिम मेलोडी में मोहित की मोहकता मिली।
मोहिनी मुरलिया के मधुर मंत्र में मोहित का मन मोहित,
मोहित और मोहिनी की मुरलिया का मिलन मनोहारी मोहक।

##

मनोज के मोरपंखी मोहकता में मनमोहक मोर नृत्य,
मोरपंख की मोहक मुद्रा मनोज की मनीषात में मिश्रित।
मोरपंख के मायावी मोह में मनोज मन को मोड़े,
मोरपंखी मोहकता का मंत्र मोगरे की महक में मोहित करे।

##

मानव के मंगल मिशन में मंगल की मिट्टी में मिलन,
मंगल पर मानव का मंगलमय मंगलाचरण मनमोहक लगे।
मंगल की मिट्टी में मानव की मेहनत का मिश्रण,
मंगल मिशन में मानव की महत्वाकांक्षा महान लगे।

##

मीना की मीठी मिर्ची में मिश्रित मिठास मनभावन,
मंडी में मीना मिर्ची मोल में मोल भर मोहित करे।
मिर्ची की महक में मिलावटी मिश्रण मीना मना करे,
मीठी मिर्ची का मजा मीना के मन को मधुर लगे।

##

मंदिर की मुंडेर पे मधुर मंजीरा मंगल गान में मिला,
मोहक मयूर नाचे मेघ मल्हार में, मन मोह लिया।
माँ की ममता में मिला मौलिक मनोरथ, मन को मिली मुक्ति,
मानसून की मध्यरात्रि में मुदित मन, मोरनी संग झूमी।

##

माटी की महक में महान महात्म्य की महिमा मिली,
मन्त्रों की मधुरिमा में मन की माला में मोती जुड़े।
मित्रता के मीठे मोमेंट्स में मिलन की मधुर मिठास,
माँगलिक मुहूर्त में मन्द मुस्कान में मुखरित मौन सा।

##

मंदिर की मुंडेर पर मनमोहक मंगल मंत्र मुखरित,
मायावी मन की मगन मुस्कान में मिठास मिली।
मन्थन में मिले मूल्यवान मोती मन के मंदाकिनी में,
मधुर मिलन की मध्यरात्रि में महकती महफ़िल में।

##

माटी की महक में मिला माँ का ममतामयी मुस्कान,
माँगलिक मौकों पर मानसिक मायूसी मिटाई।
महासागर के मन्थन में मिली मायावी मौजूदगी,

मित्रता की मधुर माला में मन की मनोरथ मिले।

##

मनमोहन की मित्र मंडली में मिलन की मधुरिमा महकी,
मंगल मुहूर्त में मंदिर की मंगल गान में मन मोहा।
मालती की माला में मधुमास की मिठास में मिलावट,
माया की महिमा में महानता की महक महसूस हुई।

##

मुकेश के मुखर मन में मोहक मुस्कान में मिश्रण,
मनमोहक मेले में मस्ती के माहौल में मस्त मलंग।
मंत्रमुग्ध मन में मंथन की महत्वाकांक्षा में मिलन,
मंजुल मंदाकिनी के मंच पर महान महिमामंडित महोत्सव।

##

मिताली के मानविकी महत्वपूर्ण मीमांसा, मानविकी महत्वपूर्ण मीमांसा मिताली के,
मिताली का मीमांसा मानविकी महत्वपूर्ण से मननशील, महत्वपूर्ण मीमांसा मिताली की मानविकी।
मिताली मानविकी महत्वपूर्ण मीमांसा मंथन,
मानविकी महत्वपूर्ण मीमांसा मिताली मंथन।

##

मयंक के महाकाव्य मंचन महोत्सव, महाकाव्य मंचन महोत्सव मयंक के,

मयंक का मंचन महाकाव्य महोत्सव से मनोरंजक, मंचन महोत्सव मयंक का महाकाव्य।

मयंक महाकाव्य मंचन महोत्सव मनाए,

महाकाव्य मंचन महोत्सव मयंक मनाए।

##

मनोज की मशीनी मक्कारी मेला, मशीनी मक्कारी मेला मनोज की,

मनोज का मेला मशीनी मक्कारी से मनमोहक, मक्कारी मेला मनोज की मशीनी।

मनोज मशीनी मक्कारी मेला मनाया,

मशीनी मक्कारी मेला मनोज मनाया।

##

मोहन के मौसमी महोत्सव मनोरंजन, मौसमी महोत्सव मनोरंजन मोहन के,

मोहन का महोत्सव मौसमी मनोरंजन से मनमोहक, महोत्सव मनोरंजन मोहन का मौसमी।

मोहन मौसमी महोत्सव मनोरंजन में मग्न,

मौसमी महोत्सव मनोरंजन मोहन में मनमोहक।

##

मनीषा की मनमोहक मुस्कान महके, मनमोहक मुस्कान महके मनीषा की,

मनीषा का मुस्कान मनमोहक महक से मनोरम, मुस्कान मनीषा की मनमोहक महके।

मनीषा मनमोहक मुस्कान महक मनाए,

मनमोहक मुस्कान मनीषा महक मनाए।

##

मीरा के मीठे मधुर मेलोडी, मीठे मधुर मेलोडी मीरा के,

मीरा का मेलोडी मीठे मधुर मनोहर, मेलोडी मीरा के मीठे मधुर।

मीरा मीठे मधुर मेलोडी महसूस करे,

मीठे मधुर मेलोडी मीरा मनोहर महसूस।

##

मोहिनी के मोहक मोरनी मंच पर, मोहक मोरनी मंच पर मोहिनी के,

मोहिनी का मोरनी मोहक मंच सजाए, मोरनी मोहिनी के मंच पर मोहक।

मोहिनी मोरनी मंच पर मोहक सजाए,

मंच पर मोरनी मोहिनी मोहक सजाए।

##

मनीष के मनमोहक मंदिर में मालती मंत्र मुग्ध, मनमोहक मंदिर में मालती मंत्र मुग्ध मनीष के,

मनीष का मंदिर मनमोहक, मालती मंत्र मुग्ध में मंदिर मनीष का।

मनीष मंदिर में मालती मंत्र मुग्ध,

मनमोहक मंदिर में मालती मंत्र मुग्ध मनीष।

##

मनोज की मोहक मोरनी, मोहक मोरनी मनोज की,

मनोज की मोरनी मोहक, मोहक मनोज की मोरनी।

मनोज मोरनी मोहक मनाता,

मोहक मोरनी मनोज मनाता।

##

मीना के मामा की मीठी मिर्ची, मीठी मिर्ची मामा मीना के,

मामा की मीठी मिर्ची मीना, मीना की मामा के मुँह में मीठी।

मीना मामा की मीठी मिर्ची, माता मुँह में डाले मीना के,

मीठी मिर्ची मामा की मीना, मीना मामा मुस्काए मीठी।

##

मिलन मयूर मंद्र मंजीर मुदित मन मोहक मुस्कान में,

मयूर मंद्र मंजीर मुदित मन मोहक मुस्कान में मिलन,

मंद्र मंजीर मुदित मन मोहक मुस्कान में मिलन मयूर,

मंजीर मुदित मन मोहक मुस्कान में मिलन मयूर मंद्र।

##

मुश्किल मेहनत मंजिल मानो मीठी मिश्री मुस्कान में,

मेहनत मंजिल मानो मीठी मिश्री मुस्कान में मुश्किल,

मंजिल मानो मीठी मिश्री मुस्कान में मुश्किल मेहनत,

मानो मीठी मिश्री मुस्कान में मुश्किल मेहनत मंजिल।

##

मिलन मेला में मित्र मंडली मिलकर मस्ती मनाए,

मेला में मित्र मंडली मिलकर मस्ती मनाए मिलन।

मित्र मंडली मिलकर मस्ती मनाए मिलन मेला में,

मंडली मिलकर मस्ती मनाए मिलन मेला में मित्र।

##

मीना मिली मोहन मोती मंडित मंदिर में मधुर मिलन,

मिली मोहन मोती मंडित मंदिर में मधुर मीना मिलन।

मोती मंडित मंदिर में मधुर मिलन मीना मिली मोहन,

मंडित मंदिर में मधुर मिलन मीना मिली मोहन मोती।

##

मिली मीरा मयंक मिलन मेले में मिठाई मजेदार मांगे,

मिलन मेले में मिठाई मजेदार मिली मीरा मयंक मांगे।

मिठाई मजेदार मिलन मेले में मिली मीरा मयंक मांगे,

मांगे मिली मीरा मयंक मिलन मेले में मिठाई मजेदार।

##

मंगल में मयंक मिलन महोत्सव मनाए,
मधुर मिलाप में मंगलमय मन मोहित।
मनमोहक मुद्राओं में मयंक मंगल मंडित,
महोत्सव में मंगल मिलाप मनमोहक।

##

मिलन मिनार पर मीना मिली मुकुल से,
मुकुल मुस्कुराया मीना मोहित मुदित मन से।
मनमोहक मिलन मिनार में मधुर मिलाप से,
मुक्त मन में मीना मुकुल मन मिलाने में।

##

मौलिक मनन में मग्न मस्ती,
मधुर मेल मिलाप में मन मोहाए।
मिल मिश्रित मिठास में मिश्री की,
मनमोहन मधुर मिलन मनाए।

##

मचलते मनमोहन मछली मार्केट में मचाया महामेला,

मनमोहक मोहिनी मंच पर मचाई मस्ती की महफिल,

महफिल में मनमोहक मोहिनी मंच पर, मचाई मस्ती की मचलते।

##

मोहन के मोमो में मसाला मिलाके मीना मिचमिचाई,

मसाला मिलाके मोहन के मोमो में, मीना मिचमिचाई,

मीना मिचमिचाई, मसाला मिलाके मोहन के मोमो में।

##

मीना की मीठी मुरब्बा में मिली मिर्ची,

मीठी मुरब्बा, मिर्ची मिली, मीना मुश्किल में,

मीना की मीठी मुरब्बा, मिर्ची मिलने से मुश्किल।

##

मिश्री की मिठास में मोहन मोहित, मीना मनमोहक,

मिठास मिश्री की, मोहन मोहित, मीना मनमोहक,

मिश्री मिठास, मोहन मीना में मोहित मनमोहक।

य

योगी की योजना में यकीनन यारी का योगदान यादगार,

यथार्थ की यात्रा में युवाओं का योग युक्तियुक्त यामिनी,

यानों का यादवपुर में यक्ष की यात्रा यूँ ही याद आई,

युगों-युगों तक यायावरी यूं ही यथेष्ट याद रहे।

##

युवा योद्धा की योग्यता में यत्न से युग्मित यातनाएं,

याचना की यात्रा में योग की यादें यकसान यौवन में,

यवनिका के पीछे यादव की युक्तियाँ युवा योगियों की,

यानी यह कि यश की यात्रा यातना युक्त योजनाओं से यज्ञ जैसी।

##

यहाँ के योगदान में युक्तियाँ यूं ही योजित युवाओं की,

युद्ध के युग में याद रखी गई योगी की योग्यता,

यक्ष प्रश्न का यज्ञ में योग याजक की युक्ति से,

यादों की यात्रा में यादगार योजनाएँ युवाओं की।

##

योजना के यान में योगियों की यात्रा यूं ही यादगार,
यशोदा की युक्तियाँ यामिनी के युवा योद्धाओं के यापन में,
युगों का याद रखा गया यथार्थ यज्ञों की योजना में,
यूं ही नहीं यात्री योजनाओं की यादें यादों में यकीनन यथार्थ हैं।

##

योगदान की योग्यता यादव की युक्तियों में युगल बंधन,
याद की यात्रा युगांतर में योजना का यश योजित,
योजनाबद्ध यात्राओं में युक्ति से युक्त युवाओं का योग,
यह यज्ञ की यात्रा में योगदान यथेष्ट याद रखने योग्य।

##

युद्ध के योग में योगी का यथार्थ युक्त योजना,
यात्रियों के यापन का योगदान यज्ञ की योग्यता में,
युक्तियुक्त युवा युगों के यातना में यादगार यथा,
यशस्वी यात्रा के योग में योगियों का यशोदान।

##

योगियों की यात्रा युगांतरकारी योगशाला में योग,
युक्ति और युद्ध में युगलबंधन यशोगाथा युक्तिसंगत,
योजना की यात्रा यथास्थिति में युगों की युक्ति योजनाबद्ध,
यादों के यथार्थ में योगी का योगदान यशस्वी याद।

##

युवा योद्धाओं का योगदान योजनाबद्ध याद में युक्त,
युक्तियाँ योगियों की यात्राओं में योग की यादगार,
योगी के यश की यात्रा यथार्थ की याद में यशस्वी,
युगों तक याद रखे जाने वाले योगदान की योग्यता।

##

यादगार योगियों की योजनाएँ यथार्थ योग में योगदान,
युद्ध में योगी की यात्रा योजनाओं की यात्रा योग,
युवाओं की योजना में योगदान युक्त योगशाला यशस्वी,
यात्राओं का योग में योगदान युवा योद्धाओं का यश।

##

योजनाओं की यात्रा में युवाओं का योगदान यथावत,
यादों की यात्रा में योगी की योगशाला युक्तिपूर्ण,
युगों का यथार्थ यादों में योगी का योगदान योजित,
युगांतर में योगदान की योजना यशस्वी यादगार बने।

##

युगों से युद्ध की यादों में योग की योजनाएँ यादी,
युवाओं की योग्यता युक्ति में युद्ध की योजनाबद्ध,

यामिनी की यात्रा में युक्ति से युक्त युवाओं का योग,
योगी के यशस्वी यात्रा में योगदान की युक्तियाँ यथावत।

##

युद्ध की योजना में युक्ति योग्य युवाओं का योग,
योगदान की योजनाबद्ध युक्तियाँ यथार्थ यात्रा में,
योगी के योजना की यात्रा युद्ध की युक्तियाँ योग में,
यात्रा की योगशाला में युवा योद्धा की योजनाएँ यशोगाथा।

##

युगों की योजना में यादगार योगदान का यश,
योग के योजनाओं में युवाओं की यात्रा योजित,
यात्रियों की यात्रा में योगशाला की युक्तियाँ युक्त,
योगदान की यात्रा में योजना योगी की यथार्थ योगदान।

##

योजना युवा योद्धाओं की युद्ध में योगदान युक्त,
योगी की यात्रा में योगदान का यश योजनाबद्ध,
युक्ति की योजना में युवाओं की यात्रा योगदान,
युवाओं का योगदान योजनाओं में युगों की यात्रा योग की युक्ति।

##

यात्रा के योग में योगी की योजना युवाओं की याद,

युगों की योजना यात्रा में योगी का योगदान यशस्वी,

युद्ध के योग में योग्यता की युक्तियाँ यात्रा की योजना,

योजनाबद्ध योगशाला की यात्रा में योगी की यादें यशोगाथा।

##

योगशाला की योजना में योगी के योगदान की यात्रा,

यादगार योजनाओं की योग्यता में युवाओं का योग,

योग्य युवाओं की यात्रा में योगी की युक्तियाँ यशस्वी,

यात्रा के योग में योगदान की योजनाएँ युगों की याद।

##

युवाओं की यात्रा में योजनाओं की योग्यता यशस्वी,

योगशाला की योजना में योगी का योगदान यादगार,

युगों की यात्रा में योजनाओं की योग्यता युक्त,

योगी की योजनाओं में युगों की यात्रा योगदान यशोगाथा।

##

योजना यादगार योगदान की यात्रा में योगी का योग,

योगी की योजनाओं का योगदान युवा योद्धाओं की यात्रा,

यात्रा में योगदान की योजना योगी की युक्ति यशस्वी,

युवाओं की योजना में योगदान यात्रा की योजनाबद्ध योगशाला।

##

यादों के यायावर में योगी की यात्रा योजना योजित,
युगों के यात्री याद करते योगी के योगदान की यात्रा,
योजनाओं की युक्तियों में यादगार योजना युगों का योग,
यथार्थ की योजना में योगदान का योगी यात्रा याद।

##

योजनाबद्ध यात्राओं की योग्यता में योगी का योगदान,
युगों की याद में यात्री की योजनाओं का योगदान,
युगों से योगी की यात्रा में यादगार योगदान का योजना,
यात्रा की योजना में योगदान के युगों की याद।

##

योगी के योगदान से युक्त यात्रा की योजना,
यादगार यात्राओं के योगदान में योग का यश,
याद में यात्री की योजनाओं का युगों का योग,
योगी की योजना में यादगार यात्राओं का योगदान।

##

युगों का योगदान योजना की यात्रा में योगी की याद,
यादगार योजनाओं की योग्यता योगी के योगदान में,

यात्री की योजनाओं में योगी के योग का योगदान,
योगदान की योजना में युगों की याद में योगी का यश।

##

योग की योजना में योगी की यात्रा का योगदान,
यादगार यात्राओं के योगी की योजना में युगों की योग्यता,
योगी की योजना में युगों की यात्रा का योगदान,
योगदान के युगों में योगी की यात्रा।

##

योगेश के योग यात्रा में योगिक योजनाओं का यथार्थ,
योगाभ्यास में योगेश योग्यता से योग संयोजित करे।
योगासन की यात्रा में योगेश की योग्यता यशस्वी,
योग की युक्तियों में योगेश युवाओं को योग यात्रा याचित करे।

##

यादों के यायावर में यात्रा का यथार्थ यश गाया,
युगों का योगदान यादें यूँ ही यकीनन याद आया।
यारों की यारी में यथार्थ यात्राओं का योग,
युद्ध के योद्धा ने युक्तियों से यातनाओं को यापन किया।

##

यामिनी के याम में यक्ष की यात्रा यादगार बनी,
योगिनी के योग से युवा योग्यता में युगांतरकारी योगदान।
यथार्थ और योजना के युद्ध में योजनाबद्ध यात्रा,
यवनिका के पीछे यथार्थ की यात्रा का योगदान याद रहा।

##

यात्रा के यापन में यादों का यथार्थ योजना,
युगों की यातना में योगियों का योगदान याद आया।
युवाओं की युवती में यशोगान की याचना,
युद्ध के योद्धा में योजनाबद्ध युक्तियों का योग।

##

यामिनी की यामी याम में यक्ष की यात्रा यादगार,
याराना की यादों में यकीनन यथार्थ का योगदान।
यात्रियों के यज्ञ में याज्ञवल्क्य का योगशास्त्र,
योजनाओं के युग में यथार्थ का युद्ध योजनाबद्ध।

##

यमुना के यात्री यमराज से याचना करें,
यात्रा में योग्यता का योगदान यादगार बने।
यारों की यारी में यकीनन यूथ का योग,
यक्ष की यादों में युवाओं का योगदान यूँ ही बढ़े।

##

युगों युगों तक यात्रा की यादें यूँ ही रहें,

यायावरी योजनाओं में योजना का योग यत्नपूर्वक।

याचना में यति की योग्यता यूँ ही बढ़े,

युवाओं का योगदान यकीनन यादगार बने।

##

यात्रिक योग यामिनी के, यात्रिक योग यामिनी के,

यामिनी का योग यात्रिक योजना से युक्त, योग यामिनी के यात्रिक युक्तियाँ।

यामिनी यात्रिक योग योजना योजित,

यात्रिक योग योजना यामिनी योजित।

##

योगेश के यात्रा योजना यानी यादगार, यात्रा योजना यानी यादगार योगेश के,

योगेश की योजना यात्रा यानी यादगार से युक्त, योजना यात्रा योगेश की यानी यादगार।

योगेश यात्रा योजना यादगार योजित,

यात्रा योजना योगेश यादगार योजित।

##

यमुना यात्रा योगेश योजना यानी यादगार,
योजनाबद्ध यात्रा यमुना यात्रिक योगेश।
यादगार यात्राएँ यमुना योगेश योजना,
यानी यात्रा यमुना योजनाबद्ध योगेश।

##
ये युक्तियां योग्यता की यात्रा,
योग यज्ञ में यश याचनाए।
यह यत्न से योजित यात्रा में,
युक्तियाँ युवा योग्यता याचनाए।

र

राजा के राजमहल में रंगीन राजसी रंग की रेलियाँ,
रामबाण रसायनों की रासलीला रत्नरात रंग भरी,
रिमझिम रिमझिम राजस्थानी रजत रेशमी रातें,
राजधानी के रोशनदानों में रौशनी की रसवंती राहें।

##

राम की राजीव नयनी राधा राजधानी में रसिया,
रुपहले राजहंस की रागिनी रतनाकर में रची,
राग रागिनी की रसभरी रचनाएँ रंगीन राजघराने में,
रास रचाये राजकुमार रजनीगंधा की रसीली राहों में।

##

राजधानी के रिक्त रास्तों पर रेला रोज़ का राज,
रंजक रागों की राहत रसमयी रातों का राज़,
रंगमंच पर रणशक्ति का राजतिलक रत्नजड़ित राजमुकुट,
राजसी रंग में रास रंगीली राजकुमारी का रूपरत्न रणवीर।

##

रणक्षेत्र में रजत रणवीरों की रंगरेली राजसी रूप,
राजमहल के रंगरंगीले रास्ते रोज रात राग रचाएं,
राजस्थान की रणभूमि में रजत रत्नों की राजधानी,
रात की रानी राधा की रासलीला राजकीय रंगभूमि।

##

रामगढ़ के राजमहल में रंगों की रौनक राजस्थानी,
रवि की रोशनी में रंगभरी राजधानी की रातें राजी,
रूपकथा की रचना में रंग रोचक रास्तों की रहस्यमयी,
राजकुमारों की राजकीय राजनीति रसमय राजसमंद में रची।

##

रिमझिम बरसात में राजा की रंगीली रसोई रसीली,
रसगुल्लों की रसदार रसायनों से रंगत रोज नई,
राजपथ पर रंगीन रिबनों का रसूखदार रोमांच,
रात्रि के रंग में राजसी रोशनी का रौनकी राग।

##

राजस्थान के रणक्षेत्र में राजपूतों की रणनीति रणचंडी,
राजा की राजधानी राजसी रूपक का रसास्वादन,
रौशनी की रश्मियों में राजकुमारी का राजसी रविवार,
रणवीरों का रणसंग्राम में राजसूय यज्ञ रच रचनात्मक।

##

राजकुमार का रंगमंच पर राजसी रिहर्सल रत रातभर,

राजनय के रसिक राजमहल में राजसी राजनीति का रंग,

राजाओं की राजसभा में रसबारी राजनीतिज्ञों का राज़,

राजमहल के राजकीय राजतिलक में राजस्थान का रोचक राज।

##

रंगारंग कार्यक्रमों का राजपूताना में राजसी रिवाज,

राजमहल की राजसी रस्मों में राजस्थानी रंग रोचक,

राजघराने की रौशनी में राजाओं का राजशाही रंग,

रात के रंगीन रिवाजों में राजस्थानी राजनीति की रवानी।

##

राजकीय राजस्व के रखवालों की रसिक रंजिशें रोजगार में,

राजधानी के रसभरे राजमार्ग पर रौबीले रंग राजसी,

राजस्थान के रजत रंगों की रचना रणक्षेत्र में राजस्थित,

राजाओं का राजतंत्र रंगीली राजनीति में रचित रचनात्मक।

##

राजा के रजत रथ में रत्नजड़ित राजमुगुट का रंगीन राज,

रंगभूमि के रचनात्मक रंग में राजकुमारी का राजसी रूप,

रिश्तों के रसदार रंग में राजदानी की राजस्थली राजसी,
राज्य के रंगारंग रसमय राजनीति में राजस्थानी राजस्व।

##

राजकुमार के राजयोग में राजसूय राजसभा की राजकीय रात,
रणभूमि में राजपथ का रजत रंग राजपूतों की राजनीति,
राज्य की राजसी रणनीति में रणधीर राजाओं का रथयात्रा,
रजत रंगीली रातों में राजमहल के रंगीन राजसूय रास।

##

राजनीति के रण में राजाओं की रजत राजस्व राजधानी,
रास रंगीली रात्रि में राजस्थानी राजमुकुट की रचना,
राजपूत राजकुमारों का राजतंत्र में राजमहल की राजनीति,
रंगरेलियों की रात्रि में राजस्थली का राजपरिवार रंगीन।

##

राज्याभिषेक की राजनीति में राजमहल के रंगरेलियों का राज,
राजसी रसोई में रत्नजड़ित रथों की रास्तेबाजी रोजगारी,
राजधानी की रातें राजसी राजमहल में रचनात्मक राज,
रणभूमि के रंगभूमि बने राजकीय रास्ते में रंगरेलियाँ।

##

राजपुरोहित के राजनैतिक रणनीतियों की राजसी रचना,
रथयात्रा के राजतंत्र में राजस्थान की राजसी रस्में,
रंगरेलियों की राजसी रसद राजमहल के राजभोग में,
राजकुमारी की राजसी राजयोग में रणक्षेत्र का राज्यपाल।

##

राजकीय राजस्व की राजनैतिक रणनीतियां रंगभूमि रंजित,
रणवीरों का राजतंत्र में राजस्थानी राजमहल की रात,
रजत रंग की राजमुद्रा राजपथ पर राजकीय रस्में,
राजधानी के राजनय की राजसी रणनीति रात्रि रंगरेलियाँ।

##

रात के राजसी राग में राजमहल की राजस्थली रोशनी,
राजनीतिज्ञों की राजसी राजधानी में राजस्थान की राजसूय,
रंगरेलियाँ राजस्थानी राजभवन में राजपूताने की रातें,
रणक्षेत्र का राजकुमार राजसी रथ में रणभूमि राजयोग।

##

राजस्थान की राजसी राजधानी में रथयात्रा की रंगरेलियाँ,
राजमहल के राजकुमार की रात्रि में रजत रागिनी राजसी,
राजकीय राजतिलक में राजभवन की रंगरेली राजनीति,
राजनैतिक रास्तों में राजस्थली के राजतंत्र की राजसूय।

##

राजपथ पर रणभूमि की रौनक रोज राजकीय रूप से राजतंत्र,

राजकुमारों का रंगरेलियों में राजसी रिहर्सल रोज राजमहल में,

राजस्थान के राज्य में राजधानी की राजसी रातें रणक्षेत्र,

राजभवन की राजनीति में राजपूतों की राजकीय रस्में रची।

##

राजसी राजमहल में राजनीतिज्ञों की राजभवन के रंगरेलियाँ,

राजस्थली के राजपथ पर रंगभूमि का राजकीय राजतंत्र,

राजसी रूप से राजधानी के राजकुमारों की राजस्थानी रिहर्सल,

राजकुमारी के राजतिलक में राज्य की राजमहल की राजसी रस्म।

##

राजस्थली की राजनीति में रणभूमि की रंगरेलियों की राजकीय राज,

राजमहल के राजकुमार की रातें राजस्थानी रंगरेलियाँ रचती,

राजकीय राजतिलक में रणभूमि की रौनक राजधानी में राजसी,

राजपथ पर राजकीय रंगों की राजस्थान की रंगभूमि राजसी।

##

राजकीय राजमहल के राजकुमारों की राजतंत्र की राजस्थली,

राजधानी के राजपूतों का राजसी राजमहल में राजतंत्र,

राजस्थली की राजनीति की राजसी राजमहल की रात,

राजभवन के राजतंत्र में राजस्थान के राजकुमारों की रात्रि।

##

राजस्थान के राजमहल में राजकीय राजपथ के रंग की रेलियाँ,

राजकुमारों की रातें राजमहल की राजसी रंगभूमि में राजस्थान
के राजकुमार।

राजसी रूप से राजधानी के राजकुमारियो की राजस्थानी
रिहर्सल,

राजकुमारी के राजतिलक में राज्य की राजमहल की राजसी
रस्म।

##

रामेश्वर की रंगीन राखियाँ राखी के रोज में रौनक बढ़ाए,

रिश्तों की रस्म में राखी का रंग रामेश्वर रचनात्मक रूप से
रचाए।

राखी की रस्मों में रंगबिरंगी राखियों का राज रामेश्वर रखे,

रिश्तों के रेशम में रामेश्वर की राखियों का रंग रसिकता से
बिखरे।

##

राधेश्याम के रसगुल्ले का राज रसोई में रसवंती रहस्य,

रसिकों को रसगुल्लों का रसास्वादन रसिकता से रुचिकर।

रसगुल्लों का रस राधेश्याम के रसायन रूप में रंगीन,
राज की रसोई में रसगुल्ले का राजसी रुतबा राजदार।

##

राजू की रसीली रसमलाई राजसी रंगोली रचाए,
रंग रंगीली राधिका राजू की रसोई में राज करे।
राजू राधिका के रसगुल्ले की रसमयी रसधार रसायन,
राजस्थानी रागिनी में राधिका राजू का रास रचाए।

##

रात्रि के राजसी रंग में रहस्यमयी राजहंस रव,
रंगबिरंगे रूपों में रागिनी का रसदार रचाव।
राजपथ पर रणभूमि के रणशोर में रणवीरों का रार,
रामबाण की रिहाई में राक्षसों का रुदन राजकारी रहा।

##

राजसी राजदरबार में राजा की राजतिलक रस्म,
राज्याभिषेक की रस्मों में राजस्थानी रीत रची।
राहुल के रसगुल्ले में रसिकता का रस भरपूर,
रामगढ़ के रामलीला में राम की रासलीला रंग लाई।

##

रात के राजहंस रंगों में रमते रहे,
राजमार्ग पर रफ्तार के रहस्य रचते रहे।
राम की राजसी राजधानी में रावण का रोष,
रागिनी के रूप में राजस्थान के रंग रोशन।

##

रिमझिम बरसात में रिक्त राहें रंगीन हुईं,
रुक्मिणी के रूप में राधा की रासलीला रची।
रिश्तों के रेशमी रास्ते पर राही रुके नहीं,
राजकुमारी के रूप में राजसी रिवाज़ रहे।

##

रमेश ने राजा के राजमहल में राजसी रंगरेलियाँ रचाई,
राजकुमारी की राजसी रूपसी रेशमी रातों में राज छिपाई।
रिमझिम बरसात में राजहंस की रागिनी रसभरी रही,
राजस्थान के रेगिस्तान में रेत की रचनात्मकता रहस्यमयी रही।

##

राम की राजधानी में रावण के राजदंड की राजनीति रंग लाई,
राधा की रासलीला में रास के रंग में रंगीनियत रचाई।
रिश्तों के रेशमी बंधन में राग-द्वेष की रेखा रहस्यमयी,
राहुल के रणकौशल में रक्षा की रणनीति राष्ट्रीय रही।

##

रमन की रसायन रीतियों का रहस्योद्घाटन, रसायन रीतियों का रहस्योद्घाटन रमन की,

रमन का रहस्योद्घाटन रसायन रीतियों से रोमांचक, रीतियों का रहस्योद्घाटन रमन की रसायन।

रमन रसायन रीतियों का रहस्योद्घाटन रचाए,

रसायन रीतियों का रहस्योद्घाटन रमन रचाए।

##

राजीव की राजसी रसोई रंगबिरंगी रेसिपी, राजसी रसोई रंगबिरंगी रेसिपी राजीव की,

राजीव का रसोई रंगबिरंगी रेसिपी से रसिक, रसोई रेसिपी राजीव की रंगबिरंगी।

राजीव रंगबिरंगी रेसिपी रसोई रचाए,

रंगबिरंगी रेसिपी रसोई राजीव रचाए।

##

राकेश के रचनात्मक रंगमंच रिहर्सल, रचनात्मक रंगमंच रिहर्सल राकेश के,

राकेश का रंगमंच रिहर्सल रचनात्मकता से रसभरा, रंगमंच रिहर्सल राकेश का रचनात्मक।

राकेश रचनात्मक रंगमंच रिहर्सल रचे,

रचनात्मक रंगमंच रिहर्सल राकेश रचे।

##

रितिक के रिसर्च रिपोर्ट रेखाचित्र, रिसर्च रिपोर्ट रेखाचित्र रितिक के,

रितिक की रिपोर्ट रिसर्च से रेखाचित्र रचनात्मक, रिपोर्ट रेखाचित्र रितिक के रिसर्च।

रितिक रिसर्च रिपोर्ट रेखाचित्र रचाने रंगे,

रिसर्च रिपोर्ट रेखाचित्र रितिक रचाने रंगे।

##

राहुल के रसायन रहस्य रोमांच, रसायन रहस्य रोमांच राहुल के,

राहुल का रसायन रहस्य रोमांचकता से रचित, रहस्य रसायन राहुल के रोमांच।

राहुल रसायन रहस्य रोमांच रचाए,

रसायन रहस्य रोमांच राहुल रचाए।

##

राधिका के रंगीन रेशमी रिबन, रंगीन रेशमी रिबन राधिका के,

राधिका का रेशमी रिबन रंगीन रूप से रचित, रेशमी रिबन राधिका के रंगीन।

राधिका रेशमी रिबन रंगीन रचनाएं,

रेशमी रिबन राधिका रंगीन रचनाएं।

##

रोहित के रसोईघर में रसगुल्ले रोले, रसोईघर में रसगुल्ले रोले रोहित के,

रोहित का रसोईघर रसगुल्लों से रोशन, रसगुल्ले रोहित के रसोईघर में रोले।

रोहित रसोईघर में रसगुल्ले रोलाए,

रसोईघर में रसगुल्ले रोहित रोलाए।

##

राजीव की राजसी रसोई रसिका रचाए, राजसी रसोई रसिका रचाए राजीव की,

राजीव का रसोई राजसी रसिका रचाए, रचाए रसिका राजसी रसोई राजीव का।

राजीव रसोई राजसी रसिका रचाए,

रसोई राजसी रसिका राजीव रचाए।

##

राजू की राजधानी रेल, राजधानी रेल राजू की,

रेल राजधानी राजू की रफ्तार से रवाना,

राजू की रेल राजधानी रफ्तार से रवाना।

राजू की राजधानी रेल रवाना,

रफ्तार से राजू की रेल राजधानी रवाना।

##

राजू ने रगड़ी रस्सी, रस्सी रगड़ रगड़ रोई,

रगड़ रगड़ रस्सी राम को रास न आई।
रोई रस्सी की रगड़ से राम रगड़ाई,
राम की रस्सी रगड़ रगड़ रगड़ाई।

##

रमेश रसिया रंग रचाए रसीले रविवार को,
रसीले रंगों रचना रमेश रसिया रविवार।
रविवार रंग रमेश रसिया रसीले रचाए,
रंग रचना रमेश रसिया रसीले रविवार।

##

रंगीन राहों पे रसिक रंग बिखेरे,
रचनात्मक रूप से रस बहाए।
रिमझिम रिमझिम रूप रस रिसता रहा,
रूप रस रिसता रहा रिमझिम रिमझिम।

##

राम घर जाता रामगढ़,
रामगढ़ जाते जाते राम का घड़ा गिरा,
रामगढ़ में राम के घड़े का गम,
गिरे घड़े में राम का दम।

##

राजू के राजमा रसीले, रसोई में रंग बिरंगे,
राजमा रसीले राजू के, रसोई तक रंग बिरंगे,
रसोई में राजमा, राजू के रसीले रंग बिरंगे।
राजमा रोते राजू को रात रसोई में रसमलाई खिलाए।

ल

ललित ललाट पर लाल लटकन की लालिमा लहराई,

लहरों की लालसा में लाल लालियों का लोक लुभाया,

लम्बी लकीर के लफ्ज़ लपेटे लहराते लाखों लम्हों में,

लगन के लब्ज़ लुभाते लाल लिबास में लोकप्रिय लय लाए।

##

लड़ाई के लक्ष्य में लंबी लता की लपेट में लगाम,

लंबोदर की लीला में लापरवाही के लम्हे ललित,

लाल लिपि में लिखे लंका के लंकेश के लालची लक्षण,

लालच की लड़ी में लिपटी लाख लोभ की ललकार लम्बी।

##

लाख लालटेनें लगातीं लालित्य की लय लोक में,

लौकिक लीला के लपेटे में लोकप्रिय लक्ष्मण लालसा,

लंकपति की लौह लड़ाई लम्बी लीलाओं की लोकवार्ता,

लपटों में लिपटी लाल लौ की लालसा लाल लपेटे ले लीला।

##

लाल लिबास में लक्ष्मी की लोकप्रिय लोक लीला,

लापरवाह लहरों की लाल लकड़ी से लड़ाई लाजवाब,

लगातार लापरवाही के लक्षण लिखे लकड़ी की लाली में,

लहलहाते लश्करों की लाल लपेट में लाख लोक की ललक।

##

लाजवंती के लाल लोचन लालच के लिपटे लक्ष्यों में,

लहराती लम्बी लताओं की लक्षित लय में लाखों लोचन,

लोकगीतों की लाल लड़ी में लुभावनी लाल लयारी,

लगाव के लम्हों में लुटती लौह लालच की लाल लकीरें।

##

लंकेश के लाठी लहराते लम्बे लोहे की ललकार,

लौती लगाम के लड़ाकू लोग लाल लाख लड़ी लड़ी,

लड़खड़ाते लक्ष्य के लिए लड़ती लाखों लहरें लहराई,

लंबी लालसा में लड़खड़ाया लोक का लक्षित लाभ लाया।

##

लालची लालच की लगन में लगे लटके लम्बी लटों में,

लक्ष्मण की लौह लड़ाई लंका की ललक में लगी,

लाख लगाकर लाज बचाने की लालसा लोक की ललित लीला,

लौकिक लालच में लंका की लड़ाई लाल लकीर से लगी।

##

लोकप्रिय लवण्य की लालिमा में ललचाई लोक की ललकार,
लाल लिबास में लुभावनी लक्ष्मी की लम्बी लताएँ लहराईं,
ललित लयों की लपटों में लालसा के लड़कपन की लड़ाई,
लाखों लाल लकीरों की लाजवाब लगन में लगातार लय लीला।

##

लपटों की लाल लौ में लिपटे लोक के ललित ललाट,
लंबे लाल लम्बरदार की लाल लटों में लोकप्रिय लोकतंत्र,
लोकगीतों की लय में लाखों लाल लकीरें लुभाती,
लड़ाई की लम्बी लाइन में लंकेश की लालसा लाल लाल।

##

लगन की लौ में लगातार लहराते लंबे लोचन,
लाल लाइटों में लपकते लुटेरे की लुकाछिपी लम्बी,
लकड़हारे की लकड़ी ले लौटी लंबे लकड़झूले पर,
लाल लटकन वाली ललाट की ललकार लगाम लगाई।

##

लोहे की लंबी लकीरों पर लताएं लपेटते लगन के लाल,
लाजवंती के लबादे में लालिमा के लगे लाल लिबास,
लौटाई लंगड़ी लांगुल की लड़ाई में लंकेश की लाली,

लब्ध प्रतिष्ठित लोक की ललित लीला लोकरंजन की लौ में।

##

लाखों लोक के लाल लिबास में लालता की लपटें,
लोकगीतों की लालसा में लंकेश के लच्छेदार लापता,
लापरवाही के लम्हों में लंबी लाइनों का लोहपात्र,
लट्टूमार लौटती लंका के लोगों की लाल लाचारी।

##

लयबद्ध ललामी के लंका में लोहपात्रों की लड़ाई,
ललितपुर के लोगों की लंबी लड़ाई ललित लताओं से,
लड़कपन के लोचन में लिखी लाखों लोक की लाल कहानियाँ,
लगातार लपेटे लोग लंकेश की लट्टू की लालसा।

##

लंबे लक्ष्य की ललक में लौह लगन से लड़ती लोकतंत्र,
लाल लश्करों की लंका में लालसापूर्ण लोक के लिए लड़ाई,
लाल लड़ियों की लड़ाई में ललचाए लोग लाखों लाख,
लंबी लालसा के लिए लड़ाई की लाल लोहित लपटों में।
##

लोकनायक के लक्ष्य में लिपटी लंबी लक्ष्यरेखा,
लाल लकीरें लांघते लोगों की ललकार में लहराती,

लोहे की लाठियों की लड़ाई में लाल लड़ियों का लोहा,
लगन से लड़ते लोक में लोकप्रिय लीला का लय लुभावन।

##

लापरवाह लोकों की लालिमा लुभावनी लड़ियों में,
लगाम लोकतंत्र की ललचाई लटों में लिपटी लड़ाई,
लोकगीतों की लाल लड़ी में लम्बे लफ़्ज़ों की लड़ाई,
लड़कपन की लोककथाएँ लोक में लड़झगड़ के लायक।

##

लोकवाणी की लाल लपेट में लड़झगड़ की लालसा,
लोहे की लालची लाठी लड़कों के लाल लक्ष्य पर,
लाख लाखा की लड़ाई में लोकप्रिय लाल लक्ष्मी की लाज,
लोकतांत्रिक लालच में लिपटी लंबी लड़ाई का लोचन।

##

लंका की लड़ाई में लालसापूर्ण लाल लकीरें,
ललित लोकगान की लालसा ललितपुर में लहराई,
लंबित लक्ष्यों की लालच में लोक की लाल ललाट,
लालची लालसा की लड़ाई में लगे लाख लोकवासी।

##

लाखों लाल लकड़ियों की लड़ाई लोक के लोकतंत्र में,
लोकप्रिय लफ़्ज़ों की लहरें लम्बी लालच में लगतीं,
लालच लपेटे लोगों की लटों में लिपटी लंकेश की लालसा,
लड़कपन के लाल लायक लफ्ज़ लोक की ललित लीलाओं में।

##

लम्बे लोकतंत्र की ललित ललाट की लालसा लाल लगाई,
लड़कपन की लालच में लड़ते लाखों लाख लाल लगाने,
लोहपात्रों की ललकार में लोहा लेने की लालसा लाई,
लाख लालसा की लड़ी में लाल लाली का लक्ष्य लगा।

##

लोकप्रिय लालची लफ्ज़ों का लक्ष्य लम्बी लाल लकीर,
ललित लोक के लचीले लोग लाखों लोचन लड़ाई में,
लालच की ललकार में लोचन लगाने की ललित लालसा,
लोकतांत्रिक लगामों में लाल लबादा पहने लंकाधिपति।

##

लाल लगन की लगाई लम्बी लड़ाई में लटके लोक,
लपटों की ललाट में लगन से लगातार लड़ाई लड़ते,
लंका की लपटों में लाखों लड़कियों की लड़ाई लाजवंती,
लम्बे लोहे की लाल लाठियों से लड़ते लाखों लोग लड़े।

##

लाख लायक लोगों की लाल लाठियों से लड़ती लड़ाइयाँ,
लटकते लटों में लाल लाली के लफ़्ज़ लिपटे लाखों में,
लंका के लालच में लड़े लंबे लाठियों की लड़ाई,
लोकतांत्रिक लयबद्ध में लिपटी लंबी लड़ाई का लोचन।

##

लव की लावणी लोकप्रियता में लोकगीतों की ललक,
लावणी लय में लव की लयात्मक लीला लोकार्पण करे।
लोकधुनों के ललित लावण्य में लव का लोकगीत लोकप्रिय,
लावणी के लम्बित लहरों में लव की लहरीली लोकप्रियता
लहलहाए।

##

ललित की लाल लटकन लोकप्रिय लोकगीतों में लहराए,
लटकन कीलयात्मक लहराई लोकों का मन लुभाए।
ललिता के लहंगे पर लाल लटकन की लालिमा लहके,
लोकरंजन की लोरी में ललित और ललिता का प्यार लहलहाए।

##

लहराते लहंगे में लोकनृत्य की लालिमा लाजवाब,
लाखों लालटेनों में लोकगीतों का लावण्यमय लहरिया।

लालित्यपूर्ण लक्ष्य की लकीरों में लक्ष्मी का लाभ,
लगन के लम्हों में लव की लहरों का लापतागंज।

##

लापरवाही के लम्बे लम्हों में लालच का लंबा लचीलापन,
लोहा लेकर लड़ने की ललक में लोहपुरुष का लक्षण।
लयबद्ध लोकगीत में ललित कला का लोकप्रिय लोकाचार,
लम्बी लड़ाई के लम्हों में लोकतंत्र की लंबी लहर।

##

लहरों के लोक में लुभावनी लोरियाँ लहकतीं,
लावण्य की ललित कलाएँ लगन से लालित्य पातीं।
लापरवाह लम्हों में लाख लुफ्त लेते लोग,
लयबद्ध लोकगीतों में लोकरंजन का लोकाचार।

##

लाल लावा की लपटों में लपलपाता लौ लहराया,
लुप्तप्राय लोकतंत्र में लोकमत का लाल लालिमा।
लौकिक लोकवार्ता में लोकायत की लंबी लकीर,
लिपटे लोगों की लाचारी में लाख लाजमी लहरें।

##

ललित की लालसा में लालिमा लहराई,

लक्ष्मी की लोकप्रियता में लोक की लालित्य छाई।

लहरों के लीलाचरित में लीनता का लक्ष्य लाभ लाया,

लयबद्ध लोकगीतों में लोकरंजन का लवलीनता लाया।

##

लंबी लड़ाई में लक्ष्य की लालसा ललकारती रही,

लगन की लाजवंती में लगाव का लम्हा लहकता रही।

लताओं की लाली में लावण्य की लोलुपता लिपटी रही,

लेखनी की लहर में लोकप्रियता का लोक लिखता रही।

##

लय लोकगीत ललित लावणी लाख लोकप्रिय लम्बी लघुकथा,

लोकगीत ललित लावणी लाख लोकप्रिय लम्बी लघुकथा लय,

ललित लावणी लाख लोकप्रिय लम्बी लघुकथा लय लोकगीत,

लावणी लाख लोकप्रिय लम्बी लघुकथा लय लोकगीत ललित।

##

लड़कपन लापरवाह लम्बी लकीरें लगा लालची लक्ष्य,

लापरवाह लम्बी लकीरें लगा लालची लक्ष्य लड़कपन,

लम्बी लकीरें लगा लालची लक्ष्य लड़कपन लापरवाह,

लगा लालची लक्ष्य लड़कपन लापरवाह लम्बी लकीरें।

##

लहराती लताओं लचक लम्बे लक्ष्य लोकप्रिय लोकगीत,

लचक लम्बे लक्ष्य लोकप्रिय लोकगीत लहराती लताओं।

लम्बे लक्ष्य लोकप्रिय लोकगीत लहराती लताओं लचक,

लोकप्रिय लोकगीत लहराती लताओं लचक लम्बे लक्ष्य।

##

ललित ललाट पे लालित्य लहराए,

लघु लक्ष्य लगन से लब्ध पाए।

लड़ लड़कर लल्लू लंबू लंगड़ा लगा,

लंबू लंगड़ा लगा लड़ लड़कर लल्लू।

##

लड़के लंग्रेज़ लंबे लोहे के लम्बडॉर लगे,

लम्बडॉर लोहे के लंबे लंग्रेज़ लड़के लगे,

लोहे के लम्बडॉर लगे, लम्ब्रेज़ लंबे लड़के।

##

ललचाए लड़के ललित लताओं में लगातार लुकाछिपी,

लहराते लहलहाते लताओं की लोकप्रिय लीला लगन से,

लगन से लोकप्रिय लताओं की लहराते लहलहाते, ललचाए लड़के।

##

ललचाए लल्लू लम्बी लौकी ले लुढ़का, लक्ष्मण लगा लपेटने,

लापरवाह लंगूरों ने लालच में लस्सी लुटाई, लजीली लड़कियां लगीं लड़ने,

लड़ने लजीली लड़कियां लगीं, लंगूरों ने लालच में लस्सी लुटाई।

##

लटपट लाल लिपस्टिक लगाए लुभावनी लोकगीत लहराती ललना,

लाल लिपस्टिक लगाए लटपट, लुभावनी लोकगीत लहराती ललना,

लुभावनी लोकगीत लहराती ललना, लटपट लाल लिपस्टिक लगाए।

##

ललित की लल्लोरी लाल लगन में लालिमा लाई,

लल्लोरी लाल ललित की, लगन में लालिमा,

लाल लल्लोरी, ललित की लालिमा, लगन में लाई।

##

ललिता की लाल लिपस्टिक लगाने लगी लंबे लगन में,

लाल लिपस्टिक ललिता की, लंबे लगन में लगाने लगी,

लगन में लंबे, ललिता लाल लिपस्टिक लगाने लगी।

व

वीर विजय की वादियों में विश्वास के विजयपथ पर विचरते,

वन्य वृक्षों की वाटिका में विचित्र वनस्पति के वास में विराजे,

विश्व विख्यात वीरों की वीरगाथा वाचन का विलक्षण वेदना,

विरह की वेदी पर विजयी वीरों की वीरता का वर्णन व्यक्त।

##

व्यापारी की व्यापक व्यूहरचना में व्यस्त व्यापार का विचार,

व्याधियों से विमुक्त वृक्ष वन की वन्दनीय वाटिका विख्यात,

विज्ञान की विज्ञप्ति में विमर्श की विविध विषयों का विस्तार,

वृंदावन की वासना में वासर का व्यक्त वासन्ती व्यवहार।

##

वक्र विचारों की वाणी में विज्ञान का विस्तारित विमर्श,

विमानों की वायुयान वेग में विश्व का विराट विहार,

वीरता के विश्वसनीय व्याख्यान में व्याकुल वीरों का व्रत,

विश्व विजयी वर्चस्व की वास्तविकता में व्यस्त विस्मय।

##

वर्णमाला के वर्णों की वाणी में वाग्वैभव का विस्फोट,
वन में विचरण करते वन्य जीवों की विपुल विशालता,
विद्युत की विलक्षण विद्या में विशेष विद्वानों का वाद-विवाद,
विविध विश्वासों की विरासत में वैभवशाली विरासतें विद्यमान।

##

वेगवती वाहनों की विहंगम वीथिका में वर्षा की विलास,
विश्वविद्यालय के वातावरण में विद्यार्थियों का विज्ञान विवेक,
वसंत की विहारी वायु में वसुधा की वासना विद्यमान,
विस्तीर्ण विपणन की व्यवस्था में विश्वासी विक्रेताओं का व्यापार।

##

वाग्देवी की वंदना में विद्वानों की विशाल विरासत,
विपरीत विचारों की वादी में विचरते विज्ञान के वरदान,
वेदना की वाटिका में विरह के वर्णों की वर्षा,
वर्णनातीत वेग से विजय पथ पर विराजमान विजयी विभूति।

##

विश्वास की वीणा पर वादित विलक्षण विषाद की वाणी,
विसर्जन की विधि में विधान की विरासती विधायका,
विशाल विप्रों की वाचिक विनय में विलीन वैराग्य,
विधाता के विश्वरूप में विश्राम की विचित्र विधि व्यक्त।

##

विज्ञापन की विविध वाक्यांश में वाग्देवी का वरदान,
वाणी की विपुल विरासत में वाचाल वातावरण का वर्णन,
वात्सल्य की विशाल वीथिका में विचारशील विचारकों का वर्ग,
वासन्ती वसंत में विस्तृत विपिन का व्यापक विश्राम।

##

वृष्टि के विराट वेग में विश्व की व्यथित वस्तुओं की वापसी,
विषयवस्तु की विशालता में विश्वासयोग्य विशेषज्ञ का विश्लेषण,
विराट के विशाल विमान में विवेकी विद्वानों का विवाद,
विनोदी विप्रों की विनोद वार्ता में विलीन विधायक विधि।

##

वाणिज्य के विपणन में विविध व्यापारों की विश्वसनीयता,
विधवाओं की विधि में विधानसभा का विधिवत व्यवहार,
विवेचना की विशाल विविधता में विकास की विधायक विचारधारा,
व्यस्त विद्यालयों में विज्ञान के विषयों का व्याख्यान।

##

वास्तविकता की विमर्श में विस्मयकारी व्यापारिक विज्ञान,
वास्तुविद की विलासिता में वास्तविक विलासी वास्तव,

वायुयान की विशाल विमानशाला में विमानों का वर्चस्व,
विपुल वनस्पति की विशालता में विलक्षण वृक्षों का वास।

##

विशेष विश्वविद्यालय की विशेषज्ञता में विद्वानों का विद्यापन,
विकसित विचारों की विचारशीलता में विवेकानंद की वाणी,
विज्ञान की विजय में विपुल विकास का विश्वासपूर्ण वातावरण,
विरासत की विशेषताओं में विराट विक्रम की वीरता व्यक्त।

##

विश्व व्यापार में विश्वस्त व्यापारिक विचारों का विस्तार,
वाग्दत्ता की विदाई में वार्तालाप के विशेष वाक्यांश,
वृद्धि की वांछित विधियों में विवेकी विवेचना का विरोध,
वाद-विवाद की वेदी पर विद्युत विप्लव की विपुल विरासत।

##

विमोचन के वेला में विजय की वीणा वादित विज्ञानियों द्वारा,
वास्तविक विकल्पों का विश्लेषण वास्तुविदों की विचारधारा में,
विषयों की व्यापकता में विकसित विज्ञान का विशेष वाद,
वायुमंडलीय विमान की विहार यात्रा में विमुख वातावरण।

##

विश्वविद्यालय की विस्तृत वास्तुकला में विज्ञापित विशेषताएं,
विकासित विद्यार्थियों का वास्तविक विज्ञान से विराट संवाद,
वृक्षारोपण के विशेष वेदिका पर विशेष वृक्ष की वार्षिकी,
विधायक विद्युत की विचित्र विजय विपरीत वातावरण में।

##

विश्वास की वाहिनी में वेगवान विचारों का विस्फोट,
विराट विश्व में विविधताओं का विकास वीरता से व्याप्त,
विद्वानों की वादियों में विवेचना का विलक्षण विज्ञान,
विमर्श की विशेष वेदी पर विज्ञान का वास्तविक वास।

##

वातानुकूलित वातावरण में विचित्र वस्तुओं का विक्रय,
विद्युत की वाहिकाओं में विज्ञप्ति का विपुल प्रवाह,
विस्मृति की वाड़ियों से विश्वासों की वापसी का विज्ञान,
वाणी के विलोभन में विनोद के विवेकी विवरण।

##

विषयों का विस्तार वास्तव में विद्याधरों का विधान,
वाक्यों की विविधता में वाचाल विधायक की विद्वत्ता,
विराट विस्फोट के विध्वंस से विश्व की वापसी का विचार,
वायुदूत के वेग से वाद्यों का विन्यास विशेष विजयाभिलाषी।

##

वर्षाऋतु के वर्षों में विश्वास की वृष्टि वारिद से,
वाकपटुता के विजय पर्व में विज्ञापन की वास्तविकता,
विवाह की वेदी पर वचनों की विलासिता का वर्णन,
विवेकानंद के वचन में विश्व व्यापी वास्तविक वाद।

##

वासनाओं की विडम्बना में विश्वास का वात्सल्य विराजमान,
विधाता की विलासिता में विमोहित विश्व का विरत विकास,
विधियों की विजय में विद्या की वास्तविकता का विलोम,
विधुर विधवा की विधायकी में विधेयक की व्यापक विधि।

##

वाणिज्य की विश्वव्यापी विजय में व्यवसायी की व्यापकता,
विश्वास के व्यापार में विविध वाणिज्यिक वास्तविकता,
विज्ञान की विरासत में व्याख्यान की विस्मयकारी व्याख्या,
विद्यालय के वातावरण में विद्वत्ता का विमोहन व्यक्त।

##

विपरीत वायुओं का वेग विश्वास की वितान में विचरण करता,
विवाद की वाटिका में विवेक के विशाल वृक्ष विराजमान,

विविधताओं की विशेषता में वास्तविक वार्ता का वास,
वृषभ की वीरता में व्यथित वासनाओं की व्याख्या।

##

वादियों की वानस्पतिक विविधता में व्याप्त वातावरणीय वास,
विश्वास के विज्ञान में व्याख्यान की विश्वसनीय विधान,
वर्षा की विश्रांति में वास्तविक वातावरण का विश्लेषण,
व्याकुल विकल्पों की विधि में विधायकी की व्यवस्था।

##

वास्तविक विवेचन की व्यवस्था में व्यक्त विवेकी विधायक,
विज्ञापन की विधा में विधिवत विधानसभा का विज्ञान,
विश्वासियों की विरासत में वाद-विवाद का विश्वव्यापी व्यापार,
विपुल वर्गों की विमर्श में विनय की विश्वसनीय विजय।

##

वास्तविकता के वास में विधायिका की विशेष विधि,
वाग्मिता की विश्वसनीय विजय में विधान का विरोध,
विज्ञान की विचारशील विधान सभा में वाद-विवाद का विषय,
व्यापक वातावरण में विविध विज्ञापनों का विश्लेषण।

##

विश्वास की वीणा पर वादित विश्व विजेता का विश्वास्य वर्णन,
विशाल वनराजी में विश्राम करते वन्य विहंगम का विहार,
वायुविहार की विज्ञान सभा में वादित विश्वास्य वार्ताएँ,
विधायिका के वर्ग में वाद-विवाद का व्यापक विस्तार।

##

वाणिज्यिक वातावरण में विश्वव्यापी वाणिज्य का व्यापार,
विज्ञान की वार्षिकी में विमर्शित व्याधियों का विश्लेषण,
वाग्दत्ता के विवाह में विविध वासनाओं की विलासिता,
विरल विचारों का वातावरण में व्यक्तित्व का विकास।

##

व्यक्तिगत विचारों के विकास में विद्वत्ता की विजय,
वाक्चातुर्य की विजय में विद्यार्थियों का विज्ञान विशारद,
विचारवान विद्याधर की विद्या में व्यवहार का विज्ञान,
विषम वातावरण में विवेक का विश्वव्यापी विजयपथ।

##

व्यापार के विवेक में व्यवसायिक व्याख्यान का विश्वव्यापी विमर्श,
वायुविहार के विषय में विज्ञानी का विवेकपूर्ण विश्लेषण,
विवेकानंद की वाणी में विश्व व्यापी विद्या का विशेष विचार,
वातावरण की विशेषता में विधान की विश्वव्यापी विज्ञप्ति।

##

विकास की विजयी विश्वास वृत्तांत विशाल विश्वविद्यालय में वर्णित,

विश्वास की विजय में विकास का वर्धित विवेचन विशेष व्याख्यान।

विकास के विजयी वृत्तांत में विश्वास का विजयगान विश्वरूप,

विजयी विश्वास में विकास का विविध विवेक विशेष विज्ञान।

##

विश्वास के विविध विज्ञान विशेषताएं विश्वविद्यालय में वर्णित,

विज्ञान की विशेषताओं में विश्वास का विचार विशेष विख्यात।

विज्ञान विषयों की विविधता में विश्वास का विजयी विरासत,

विश्वास के विज्ञान में विवेचना की विलक्षण विद्यापति विशाल।

##

विजय की वीणा वादन में विशेष विभावरी विमल विख्यात,

वीणा के वादन में विजय विशेष विद्या विधान विभाजित।

विरासत में वीणा की विरलता विजय के वादन से विखरे,

विश्वास के विश्वरूप में वीणा विजय की विराट विरासत वरे।

##

विवेक के विविध व्यंजन विशेष विश्वविद्यालय में विख्यात,

वनस्पति वाटिका से विशेष वनस्पतियों का विन्यास विवेक वरण करे।

विलक्षण विधि से विकसित व्यंजन विशेष व्यक्तियों को वरदान लगे,

विश्रामघर में विवेक के व्यंजनों की वाहवाही विस्तार पाए।

##

वन की विशालता में विविध वनस्पतियों का वास,

विजय की वीथियों पर वीरों का वरदान वर्षित हो।

वेदना की विरासत में विश्वास के विमान उड़ान भरें,

विद्या के विद्यालय में विद्वानों का विचार विमर्श विश्राम पाए।

##

विषमताओं के वन में विश्वास की विजयश्री विखेरें,

विरह की व्यथा में भी विश्वामित्र का वरदान विद्यमान।

विपदाओं के विरुद्ध विजयघोष का विहंगम दृश्य,

वाणी के वैभव में विभूतियों का विज्ञान विवेचन।

##

वसंत की वादियों में विहंगों का विलाप विरला,

वर्षा के वक्त वन्यप्राणियों का विचरण विस्मयकारी।

विद्वानों की विद्या विरासत में विशेष वरदान,

विज्ञान के विश्व में विचारों का विस्तार विराट।

##

विविधताओं का विलय विश्वास में वृद्धि वर्धित करता,

विपदा के वक्त वीरों का विक्रम विजयी वर्णित होता।

विश्वगाथा के वेदों में विशेष वर्णन विद्यमान,

व्यक्तित्व की विकास यात्रा में व्यापक विवेचन व्यक्त।

##

विनीत की विश्वविद्यालय विज्ञापन विचारधारा, विश्वविद्यालय विज्ञापन विचारधारा विनीत की,

विनीत का विज्ञापन विश्वविद्यालय विचारधारा से विलक्षण, विज्ञापन विचारधारा विनीत की विश्वविद्यालय।

विनीत विश्वविद्यालय विज्ञापन विचारधारा विकसित,

विश्वविद्यालय विज्ञापन विचारधारा विनीत विकसित।

##

विकास की विचारशील विज्ञान वार्ता, विचारशील विज्ञान वार्ता विकास की,

विकास का वार्ता विचारशील विज्ञान से विवेकपूर्ण, विज्ञान वार्ता विकास की विचारशील।

विकास विचारशील विज्ञान वार्ता विस्तारित,

विचारशील विज्ञान वार्ता विकास विस्तारित।

##

विभा की विद्युत विन्यास विशेषज्ञता, विद्युत विन्यास विशेषज्ञता विभा की,

विभा का विन्यास विद्युत विशेषज्ञता से विलक्षण, विन्यास विशेषज्ञता विभा की विद्युत।

विभा विद्युत विन्यास विशेषज्ञता विकसित,

विद्युत विन्यास विशेषज्ञता विभा विकसित।

##

विवेक के विश्वविद्यालय विज्ञान विजय, विश्वविद्यालय विज्ञान विजय विवेक के,

विवेक का विज्ञान विजय विश्वविद्यालय से विशेष, विज्ञान विजय विवेक के विश्वविद्यालय।

विवेक विश्वविद्यालय विज्ञान विजय वर्णित,

विश्वविद्यालय विज्ञान विजय विवेक वर्णित।

##

विशाल के विज्ञान विषयक विचार विमर्श, विज्ञान विषयक विचार विमर्श विशाल के,

विशाल का विज्ञान विचार विषयक विमर्श से विवेकी, विचार विमर्श विशाल के विज्ञान विवेक।

विशाल विज्ञान विषयक विचार विमर्श विस्तारित,

विज्ञान विचार विमर्श विशाल विषयक विस्तारित।

##

विनोद के विजयी वृत्तांत वर्णन, विजयी वृत्तांत वर्णन विनोद के,

विनोद का वृत्तांत विजयी वर्णन से विशिष्ट, वृत्तांत वर्णन विनोद के विजयी।

विनोद विजयी वृत्तांत वर्णन विस्तृत,

विजयी वृत्तांत वर्णन विनोद विस्तृत।

##

विक्रम के विमान विन्यास विशेषज्ञ, विमान विन्यास विशेषज्ञ विक्रम के,

विक्रम का विमान विन्यास विशेषज्ञता से विराट, विन्यास विशेषज्ञ विक्रम के विमान विराट।

विक्रम विमान विन्यास विशेषज्ञता विकसित,

विमान विन्यास विशेषज्ञता विक्रम विकसित।

##

विवेक के विरासती विज्ञान विद्यालय, विरासती विज्ञान विद्यालय विवेक के,

विवेक का विद्यालय विज्ञान विरासत से विशेष, विज्ञान विवेक के विद्यालय में विरासती।

विवेक विद्यालय में विज्ञान विरासत वर्धित,

विद्यालय में विज्ञान विवेक विरासत वर्धित।

##

विकास की वाद्ययंत्र वाली विद्यालय, वाद्ययंत्र वाली विद्यालय विकास की,

विकास का विद्यालय वाद्ययंत्रों से विभूषित, वाद्ययंत्र विकास के विद्यालय में विशेष।

विकास विद्यालय में वाद्ययंत्र व्यवस्थित,

विद्यालय में वाद्ययंत्र विकास व्यवस्थित।

##

विशाल की विशेष विजयालक्ष्मी वाहन, विशेष वाहन विजयालक्ष्मी विशाल की,

विशाल का वाहन विजयालक्ष्मी विशेष, विशेष विजयालक्ष्मी वाहन विशाल का।

विशाल विजयालक्ष्मी वाहन विशेष वाहे,

विशेष वाहन विजयालक्ष्मी विशाल वाहे।

##

विजय के विविध विज्ञान विचार, विविध विज्ञान विचार विजय के,

विज्ञान विचार विजय के विविध, विविध विजय के विज्ञान विचार।

विजय विविध विज्ञान विचार विचारता,

विविध विज्ञान विचार विजय विचारता।

##

विनोद के विविध विचार विचित्र वीणा पर, विचित्र वीणा पर विनोद के विचार,

विविध विचार वीणा पर विचित्र विनोद के, विनोद वीणा पर विचार विविध विचित्र।

विनोद की वीणा विचार विविधता से वादित,

वीणा विचित्र विविध विनोद के विचारों से वादित।

##

विमल विचार विराट विस्तार विश्वास विजयी विशेष विवेक,

विचार विराट विस्तार विश्वास विजयी विशेष विवेक विमल,

विराट विस्तार विश्वास विजयी विशेष विवेक विमल विचार,

विस्तार विश्वास विजयी विशेष विवेक विमल विचार विराट।

##

विनोदी विपिन विष्णु की विनती विचित्र विधि से,

विष्णु वरदान विपिन को विचार विशेष दें।

विनोद विपिन विष्णु वरदान विश्वास से,

विश्व विजयी विपिन विष्णु वरदान वरण करे।

##

विविध विनोदी विषय विचारों में,

वीर विजयी विपुल विश्वास वहाए।

विकास विद्यालय में वाद्ययंत्र व्यवस्थित,

विद्यालय में वाद्ययंत्र विकास व्यवस्थित।

##

विनोद की विचित्र वाणी विद्यालय में विराजमान,

विचित्र वाणी विनोद की, विद्यालय में विराजमान,

विद्यालय में विराजमान, विनोद की विचित्र वाणी।

श

शीतल शाम में शरद की शहनाई शानदार शोर मचाए,
शालीन शिक्षक शिक्षा की शाला में शांत शिष्य संग शामिल,
शहर की शौर्य शालिनी में शक्ति का शंखनाद शुरू हुआ,
शतरंज के खेल में शह और मात का शोध शास्त्रीय शोक से।

##

शोरगुल में शोक सभा का शांत शुभारम्भ श्रद्धांजलि से,
शाखा पर शिशिर की शीतलता में शक्तिशाली शेर का शिकार,
शिल्पकार की शिल्प शाला में शिल्प की शोभा शानदार,
शस्य श्यामला भूमि पर शाम का शांत स्नेहिल संचार।

##

शांत शिखर पर शिव का शयन शिवरात्रि की शुभ रात्रि में,
शकुनि के शठता का शंका से शक्तिशाली श्रीकृष्ण का शपथ,
शत-शत शालीन शब्दों का शुद्ध शास्त्रीय शिक्षण शिविर में,
शुक्रवार की शाम को शुक्र तारा की शुभकामनाएँ शुभ्र से।

##

शाही शादी में शहनाई की शानदार शामिली शोभित,
शाखों पर शीतल पवन का शिशिर संगीत शुभकर शांत,
शराबी की शरारतें शाम को शर्मिंदा करती शरीर को,
शुद्ध शाकाहारी शास्त्र का शिक्षा शांति के शासन में।

##

शांत शोध शाला में शोधकर्ताओं की शान्ति शब्दों से शोर,
शत्रु की शक्ति पर शायक शंख शब्दों की शक्ति से शक्तिहीन,
शालिग्राम की शिला पर शिव की शालीनता की शाश्वत शिखा,
शब्दों का शिल्प शिल्पकार के श्रम से शक्तिशाली श्रृंखला बनी।

##

शीत ऋतु की शांति में शून्यता की शिथिलता शरीर में शामिल,
शरद ऋतु की शाम का श्रृंगार शांत स्वर में शिखर पर,
शुभ्र श्वेत शालों में शिक्षित शास्त्रों का शांत श्रवण,
श्रीमान की शादी में शहनाई की शोभा शुभ्रता की शक्ति।

##

शहरों की शोरगुल में शिक्षा की शक्ति का शोधन,
शोध शाला की शिक्षाओं में शासन का शांति शपथ,
शंकर की शरण में शुद्ध शक्ति की शक्तिपूजा शामिल,
शतकों की श्रृंखला में शाश्वत शक्ति की शांत शालीनता।

##

श्रृंखला शिखर पर शाश्वत शक्तियों की शांति शिखर संगीत,
शास्त्रीय शिक्षा की शक्ति में शिष्यों का शानदार शोध,
शासक की शाही शैली में शांत शाम की शक्तिशाली शहनाई,
शांत शाला की शिक्षा में शास्त्रों की शिक्षा शांत शक्तिपूर्ण।

##

शिखर पर शंख शोर में शांति की शपथ शिव की शाला में,
शक्ति के शिखर पर शेर की शानदार शैली शोर के शांत,
शांत शाल में शिलाजित का शोधन शास्त्रियों की शाला में,
शतरंजी शिखा के शीर्ष पर शह और मात का शिल्पी शब्द।

##

शीशे की शाला में शीतल शाम की शुद्ध शिखाओं में शक्ति,
शरद पूर्णिमा की शांत शब्द शालीनता का श्रृंगार,
शिव की शिवा के संग शाम का श्रीगणेश शक्ति संग्राम में,
श्रीमती की शादी में शालीनता की शांति शब्दों में शब्दित।

##

शिक्षकों की शाला में शिष्यों का शोध श्रम की शिखर यात्रा,
शांत शिखर पर शोध का शिल्प शाश्वत शांति का शंखनाद,

शिलाजीत की शक्ति की शालीनता शाला के शिष्टाचार में,
शोध की श्रीमंत शैली श्रद्धा के शास्त्र से शांति शाखा।

##

शास्त्रीय शंकाओं की शाम में शांति की शरद शाखा,
शाही शब्दों की शामिली में शब्दशः शानदार शैली,
शरारती शालाका की शालीन शिक्षा में शक्ति शाखा,
शौर्य शोध की श्रीमती शाला में शतकों का शासन।

##

शानदार शौर्य की शिखर शाम को शिव शंकर का श्रीगणेश,
शिक्षण की शाला में शांति की शाखा से शिक्षा शुरू,
शीतल शिविर में शिक्षकों की शांत शैली का शासन,
शास्त्रीय शिक्षा का शंखनाद शिष्यों के शक्ति शाली शोध में।

##

शोरगुल में शक्तिशाली शांति की शक्ति शाला में शोधित,
शतशः शासन की शाखाओं में शास्त्रीय शांति का शिखर,
शिखर पर शशांक का शिलाजीत संग शालीन शरारती शासन,
शंकराचार्य की शिक्षा का शांत शिखर शालीनता में शामिल।

##

शब्दों का शौर्य शिक्षा में शांति से शासित शिक्षाप्रद शाला,
शत्रु का शांति से शासन का शिक्षण शांत शिखर पर शिवालय में,
शिल्पकला की शालीनता में शौकीन शिक्षक का शिक्षण शैली,
शिक्षण की शाखा में शिक्षा का शंखनाद शास्त्रों की शक्ति से।

##

श्रद्धांजलि की शोभा शिव के शिखर पर शाश्वत शांति में,
शास्त्रों का शिक्षण शालाओं में शक्ति का शंख शिविर में,
शाम की शांति में शानदार शालीनता की श्रृंखला शुरू,
शांत शाम में शिखर पर शिक्षाप्रद शाला की शिक्षाएँ।

##

शालीन शिष्यों की शाला में शब्दों की शक्ति शामिल,
शिक्षाविदों की शिक्षा में शासन का शौर्य शिखर पर,
शंखनाद से शुरू होती शिवरात्रि की शानदार शामें,
शिक्षा के शतक में शिखर से शिल्प का शुभ शंकेत।

##

शिव की शालीनता में शांति की शक्ति का शिकार,
शिक्षाप्रद शाला की शांत शिक्षाएं शाश्वत शोध के लिए,
शत्रुओं की शाखाओं में शिक्षित शासन का शालीन शिष्य,
शाम के शीतल शिविर में शांति की शक्ति शंका मुक्त।

##

शब्द शब्द में शिक्षा की शक्ति शालीनता से शासित,

शिखर पर शाम का शब्दावली का शिक्षण शांतिपूर्ण,

शिष्यों की शिक्षा में शासन की शक्ति का शालीन संचार,

शक्ति का शंखनाद शिक्षा के शांत शिवालय में शानदार।

##

शौर्य की शिक्षाएं शिवालय में शांत शिष्यों के संग,

शान्ति का शंख शालिग्राम में शिक्षाप्रद शोर के बिना,

शिक्षकों की शिक्षाएँ शिष्यों को शक्ति संपन्न बनाएं,

शब्दों के शक्तिशाली शिल्प में शिव की शालीन शिक्षा।

##

शांत शाम में सरस संगीत की संगत में सजीव संवाद,

सांसों की सरसराहट में शिष्यों का सजग सपना सजता,

समुद्र के शांत शोर पर सरिता की सरसराती सरगम,

साजों की संगत में शब्दों का संसार संवरता सदा।

##

साहसी शेरों का संग्राम में सामना सजीव सजगता से,

सरल संकेतों में शक्तिशाली शब्दों की सशक्त सरिता,

सजग साहस के संग संयमित शक्ति का संचार,
सदा सर्वदा सहज संवेदना से सम्पन्न संगीत शामिल।

##

सांसद की सभा में शिक्षा का संकल्प संग्राम से सजग,
सामाजिक संदर्भ में शिक्षकों की संगति से समृद्धि,
सुरीली संध्या में सपनों का संग्रह सरलता से समझाए,
सर्वोच्च शिखर पर सिद्धि का संगीत सदा संवाद सजाए।

##

सुशिक्षित समाज में शिक्षा की शक्ति संजोई शान से,
संकल्प से संजीवनी शक्ति की सार्थकता साधे,
सान्निध्य में सामर्थ्य की संभावनाएँ सदैव साकार,
शांत शासन में संस्कृति की सरिता सद्भाव सजती।

##

सागर की शांति में शिक्षा का संसार समृद्ध सजाया,
सामंजस्य की संजीवनी से शक्तिशाली संवाद सजे,
सांसों का संगीत से साधारण संगीत का शिल्प शोभित,
सरल साधना में सिद्ध होता संकल्प से शुद्ध संयोग।

##

शांत साँझ के समय संवादों की सरगम सजती,
सड़क की साँझली शाम में साहस की शक्ति संजोती,
संकल्पों के संगीत में शांति का संस्कार साध्य,
सजग संध्या में सरिता की सरसता से साकार होते सपने।

##

संग्रह की सामग्री में सामाजिक शक्ति का संचार,
सांवली शाम को संजीवित करती सरस संवादों की साझ,
संस्कारों की संकल्पित शाला में शिक्षा की शक्ति सजीव,
शक्ति के संग्राम में साहस की सीमा का संज्ञान साधे।

##

साधुओं की सभा में शांति की शपथ से संविधान सजता,
सड़कों की साधना में सरकारी संरक्षण की सशक्ति शालीन,
सपनों की सजीव संजोती में शक्तिपूजा का साधन संवरता,
शांत समय में सामाजिक सामंजस्य की सरलता सजी।

##

साहित्य की शाला में शिक्षक की सम्मानित संगत में साधना,
शक्तिशाली संदेशों की श्रृंखला में सामाजिक समर्थन सम्मिलित,
संकेतों की शांत सुधार में समुदाय का सचेतन संवाद,
शब्दों के सागर में शानदार संस्कृति की साधना सजीव।

##

संस्कारों के साथ साझेदारी में शिक्षा की शक्ति शानदार,
श्रम की शालीनता में समर्पण का संगीत सरस बना,
सरस्वती की साधना में शिक्षार्थी की सामर्थ्य सम्मिलित,
सफलता के सोपान में श्रमण की सम्पन्नता संशोधित।

##

साधकों की सभा में संगीत की संगत सार्थक सजीव,
शांत संध्या में संस्कृत की श्रीविधि संज्ञान में समाहित,
संकल्पित साधना के साथ संवरती शिक्षा की शिला,
संवेदनशील समय में सामाजिक संस्कारों की संज्ञा समृद्ध।

##

संग्रहालय की सजावट में सांस्कृतिक शिल्प की सम्मानित शोभा,
समय की सीमा में संचित शिक्षाओं का संघर्ष सार्थक,
सम्मेलन की सांझ में सामान्य समुदाय की समर्थ शक्ति,
साझा संसाधनों की साक्षी में शिक्षा की सशक्त साधना।

##

समुद्र की शांति में संगीत का सार समझाया शिक्षक ने,
शंख की शोर में सजीव संवाद का संचार सुनाई दिया,

सागर के शोर पर संगत की सदा शालीनता साधी गई,
समय के साथ सांसों की शक्ति से समर्पण की सजीवता सजी।

##

शांत सरोवर के संग सारसों का संगीतमय संचार सुहावना,
सरलता से संजोए गए संस्कारों का संस्कृति में समावेश,
सांस्कृतिक शिल्प की शिक्षा संग शास्त्रों का संग्रह सम्पन्न,
शालीनता से साझा की गई शिक्षा की शक्ति सर्वोपरि।

##

साहस के साथ सम्मिलित शक्तियों की शिक्षा शिविर में साकार,
संकल्पों की शृंखला से संबद्ध समाज की साधना स्थिर,
सामंजस्य की शैली में शिक्षकों का संस्कार सजग,
शांत संध्या में सरस्वती के सानिध्य में संस्कृत का संगीत।

##

सावधानी से संजोये गए सपनों का संसार में शांत संचरण,
सजग शिक्षण के संग समाज की सामूहिक शक्ति का संयोजन,
शास्त्रों की शिक्षा से साक्षात्कार का समय सामने आया,
संकटों का समाधान शिक्षकों की सूझबूझ से संपादित।

##

शिष्टाचार की शाला में शिक्षकों का समर्पण सराहा गया,
सभ्यता के सार में संस्कारों की शक्ति समाहित सजीव,
साहसिक संघर्षों में शांति के सिद्धांतों की साधना साकार,
संकट के समय में समझदारी से संवाद का सजग संचालन।

##

संस्कृति की सजीव शोभा में शिल्पकला का संवर्धन,
संगीत की सरगम में शास्त्रीय शैली का संचालन,
शक्ति और शांति का समन्वय साकार करता समाज,
सामाजिक सामंजस्य में सद्भाव की सार्थकता संजोयी।

##

सागर की शांति में सुरों का संगम सजता,
शाम के साये में सरिता के संगीत से सजीव सज्जा,
शाखाओं के साथ सांसों की संवेदना सम्मिलित,
संवेदनशील स्पर्श से शिक्षा की शालीनता संपन्न।

##

शांत शैली में संकल्पित साधना का संग्रह,
सरलता से संयोजित शब्दों का संसार,
सम्पूर्ण समाधान की साधना में शास्त्रों का सहारा,
संघर्षों की संजीवनी में शक्तिशाली समर्थन साकार।

##

शैलेश के शीशम की शिल्पकला शिल्पियों की शिखर कृति,

शीशम की शानदार शिल्पकला में शैलेश का श्रम सजीव।

शिल्पकार शैलेश की शीशम शिल्पकला शिल्प संग्रहालयों में शोभित,

शीशम के शिल्प में शैलेश की शिल्पकला की शौर्य गाथा शाश्वत।

##

शशि शर्मा की शानदार शामें शोर मचाएं,

शीशे की शीशियों में शरबत शांति से शामिल।

शुष्क शराब की शीशियाँ शिक्षित शिक्षक शामिल,

शतरंज की शाम में शेरों क शायरी शशि शर्मा शौक से शुरू करे।

##

शांत शिखरों पर शिव का शाश्वत शंखनाद,

शक्ति के शालीन शब्दों में शायरी का श्रृंगार।

शाम की शीतल शाला में शिखा की शरारतें,

शृंखलाओं को शोधकर शुद्धता की शपथ शांत।

##

शिक्षा के शिल्प में शिक्षकों का शिष्यों से शानदार संवाद,

श्रद्धा के शीर्ष पर शिरोधार्य शक्ति का शोध।
शहर के शोर में भी शांति की शोधनीय शक्ति,
शास्त्रों की शुचिता में शाश्वत शक्तियों का शंखनाद।

##

शांत शाम की शीतल शिखा शरमाई,
शिखर पर शिखा की शानदार शिखरों की शाला।
शब्दों के शहर में शायरी का शोर शालीन,
शांति की शपथ में शक्ति की शाला शिखर पे।

##

श्रद्धा की शिला पर शील की शालिनी शाला,
शून्य से शिखर तक शिक्षा की शिक्षा शाश्वत।
शिकार की शिकायत में शिकारी का शिकार शिकारी,
शिक्षित शिक्षकों की शिक्षा में शिक्षा की शिक्षा शिक्षित।

##

शांत शाम में शिखर पर शिव का शासन,
शीतल शीशे में शिल्पित शिक्षा का शास्त्र।
शहर की शोरगुल में शांति का शिकार,
शिक्षकों का शिष्यों से शिक्षा का शासन।

##

शक्ति की शालीनता में शुभ्र शापित शकुन,

शरद ऋतु में शालमली का शानदार श्रृंगार।

शंख की शोर में शांति का शंकर संदेश,

शास्त्रों की शिक्षा से शिक्षित शक्ति का शासन।

##

शालिनी के शांत शिवालय शंखनाद, शांत शिवालय शंखनाद शालिनी के,

शालिनी का शिवालय शांत शंखनाद से शुभ्र, शिवालय शंखनाद शालिनी के शांत।

शालिनी शांत शिवालय शंखनाद शंखित,

शांत शिवालय शंखनाद शालिनी शंखित।

##

शिवानी के शिविर में शिल्पकला शिखर, शिविर में शिल्पकला शिखर शिवानी के,

शिवानी का शिविर शिल्पकला से शिखर पर, शिल्पकला शिवानी के शिविर में शिखर।

शिवानी शिविर में शिल्पकला शिखर सजाए,

शिविर में शिल्पकला शिवानी शिखर सजाए।

##

शालिनी के शानदार शंख, शानदार शंख शालिनी के,

शंख शालिनी के शानदार, शानदार शंख शालिनी शंखती।
शालिनी शंख शानदार शंखती,
शानदार शालिनी के शंख शंखती।

##

शीशे की शीट से, शीशे के शीट में,
शीतल शीशा शीशे की शीट से शीघ्र शिफ्ट हुआ।
शीशे की शीट में शिफ्ट हुए शीशे ने,
शीशे की शीट को शीतलता शिखर तक पहुँचाया।

##

शांत शिखर शिवालय शीघ्र शीतल शिशिर शुभ्र शुक्लांबर,
शिखर शिवालय शीघ्र शीतल शिशिर शुभ्र शुक्लांबर शांत,
शिवालय शीघ्र शीतल शिशिर शुभ्र शुक्लांबर शांत शिखर,
शीघ्र शीतल शिशिर शुभ्र शुक्लांबर शांत शिखर शिवालय।

##

शशि शेखर शिखर शोभा शीतल शांत श्रृंखला श्याम,
शेखर शिखर शोभा शीतल शांत श्रृंखला श्याम शशि,
शिखर शोभा शीतल शांत श्रृंखला श्याम शशि शेखर,
शोभा शीतल शांत श्रृंखला श्याम शशि शेखर शिखर।

##

शशांक शशि शालिनी शिखर शीतल शीश शौर्य श्रृंखला,
शशि शालिनी शिखर शीतल शीश शौर्य श्रृंखला शशांक,
शालिनी शिखर शीतल शीश शौर्य श्रृंखला शशांक शशि,
शिखर शीतल शीश शौर्य श्रृंखला शशांक शशि शालिनी।

##

श्याम संग शिखा शशि शोभित शांत शाला शुभ शाम,
संग शिखा शशि शोभित शांत शाला शुभ श्याम शाम।
शिखा शशि शोभित शांत शाला शुभ शाम श्याम संग,
शशि शोभित शांत शाला शुभ शाम श्याम संग शिखा।

##

शशि शशांक शरद शाम संग शहद शिकारी शोर शराबा,
शरद शाम संग शहद शिकारी शशि शशांक शोर शराबा।
शहद शिकारी शरद शाम संग शशि शशांक शोर शराबा,
शोर शराबा शशि शशांक शरद शाम संग शहद शिकारी।

##

शशि शशांक से शतरंज शिक्षा शीघ्र शुरू करे,
शह और मात के शिल्प में शिखर शीर्ष पर।
शत्रु शहमात, शशि शशांक से शिक्षित,

शतरंज की शानदार शिक्षा शिविर में।

##

शीतल शिखा शीशे की शिला पे,
शिक्षक शिव शिखर पे शिल्प बनाए।
शशि शीघ्र शतरंज शिक्षा शुरू करे,
शतरंज शिक्षा शुरू करे शशि शीघ्र।

##

शांत शिवालय में शंखनाद से श्रद्धालु शिवरात्रि शोभित,
शोभित शिवरात्रि श्रद्धालु से शंखनाद में शिवालय शांत,
शंखनाद से श्रद्धालु शिवरात्रि, शोभित में शिवालय शांत।

##

शशि की शीशी में शरबत शुक्ला शनिवार शाम शरारत से,
शरबत शुक्ला शनिवार शाम, शशि की शीशी में शरारत से,
शनिवार शाम शरारत से, शशि की शीशी में शरबत शुक्ला।

##

शीशे की शिल्पकारी,
शिल्पकार की शीशे से शादी,
शीशे से टूटी शिल्पकारी,

शीशे की शिल्पकारी में शादी।

##
शीला की शालीमार शाखा में शर्बत शानदार,
शालीमार शाखा में शीला की, शर्बत शानदार,
शानदार शर्बत, शीला की शालीमार शाखा में।

ष

षड्यंत्रकारी की षटकार में षड्यंत्र से षडिल षटपथ,

षटकोण की षड्यंत्र में षड्यंत्रकारी का षटपथ

षटकोण की षटपथों पर षड्यंत्रकारी के षडिल षाप,

षालीनता की षाल में षड्यंत्रकारी का षटकोणीय षांति संघर्ष।

##

षड्यंत्र की षटकोणीय षटपथ पर षण्मुख का षट्कार,

षडानन की षाल में षड्यंत्रकारी का षड़यंत्र षडिल।

षटक का षटक षटकने लगे जब षटकार षण्मुख से,

षोडष गुणों के षोषण से षांति का षोधन षरू हो।

##

षटकोण के षड़यंत्र में षट्पदी की षास्त्रीय षड्यंत्रकारी,

षोडष संगीनों का षंडार षटक संघर्ष में षटिल हुआ,

षण्मुख की षांत षाला में षट्कोणीय षड्यंत्र षटांक बना,

षड्यंत्र का षण्मुखी षड़यंत्र से षान्त षास्त्रीय षटपथ।

##

षटकार में षटकोण के षट्पदी षड्यंत्रकारी का षासन,
षड्यंत्र से षटिल होता षटपथ पर षण्मुख का षोध,
षोडष वर्ष के षड़यंत्र में षानदार षडिलता का षंसय,
षटक के षडिल षटकोण में षास्तीय षण्मुख का षोषण।

##

षोडष कलाओं के षटक में षड्यंत्रकारी का षटांक,
षटकोण की षाला में षांति के षड्यंत्र से षंका,
षड्यंत्रकारी की षटकार में षड्यंत्र से षडिल षटपथ,
षालीनता की षाल में षड्यंत्रकारी का षटकोणीय षांति संघर्ष।

##

षटकोण की षटपथों पर षड्यंत्रकारी के षडिल षाप,
षड्यंत्रों की षड़यंत्रिक षटपथ में षटकोणीय षड़यंत्र संगत,
षोडष षटक के षड़यंत्र में षड़यंत्रकारी का षण्मुखी षटकार,
षडानन की षाला में षड्यंत्र का षडिल षटक संघर्ष।

##

षटक की षाला में षड़यंत्रकारी की षटांक षड़यंत्र सजीव,
षटपदी की षड्यंत्रकारी षासन में षण्मुखी षड़यंत्र षडिल,
षालीन षड़यंत्र में षोडष षांति का षटकोणीय षड़यंत्र,
षांत षोडष वर्ष का षटक संघर्ष में षड़यंत्रकारी का षासन।

##

षण्मुख की षटपथ में षटकोणीय षड़यंत्रकारी का षटक,
षांति के षटकोण में षटपदों का षड़यंत्रकारी षड्यंत्र,
षटकार से षड्यंत्रकारी की षाला में षण्मुखी षटपथ,
षड़यंत्रकारी की षटांक षड़यंत्र में षटकोण का षटकार।

##

षटकोण के षटपथ में षड़यंत्र का षड़यंत्रिक षण्मुख,
षोडष षड़यंत्रकारियों की षटांक षड़यंत्र संग्रहित,
षड्यंत्रकारी की षाला में षटपथों की षासनिक षटांक,
षटकार से संग्रहित षटकोणीय षड्यंत्र की षांत षड़यंत्र।

##

षटपथ पर षटकोण की षासन षैली षण्मुखी षोध से संजोयी,
षोडष षटकों के षड़यंत्र में षड़यंत्रकारी का षटकार सुगम,
षण्मुख की षांत षाला में षड़यंत्र से षड़िल सार संचारित,
षटक षटक में षड़यंत्रकारी के षोधन की षानदार षालीनता।

##

षांति के षटकोण में षड़यंत्रकारी की षटपथों की षासनिक
षक्ति,
षटपथ षटक में षड़यंत्रकारी का षोध षड़यंत्र संवर्धित,

षोडष साल के षड़यंत्र में षानदार षड़यंत्रकारी की षासनी षिक्षा,
षटकोणीय षड़यंत्रों का षाला में षटपथ पर षड़यंत्रिक षांति।

##

षड़यंत्रकारी की षटपथीय षासन में षटकोणीय षड़यंत्र,
षड़यंत्र की षटपथों में षड़यंत्रकारी का षण्मुखी षोषण,
षोडष षड़यंत्रों का षड़यंत्र में षण्मुख की षाला षोधित,
षड़यंत्र से षटपथ की षड़यंत्रिक षांति का षटकार।

##

षड़यंत्रकारी का षटपथ षटकोणीय षासन में षटकार संग्रहित,
षड़यंत्र के षटपथों पर षोडष षड़यंत्र से षण्मुखी षटक सजीव,
षटपथ की षड़यंत्रिक षटकोण में षांत षटपथ का षड़यंत्र,
षटकोणीय षड़यंत्र में षटपथों की षाला का षड़यंत्रिक षांति।

##

षोडषी के षटपथ पर षड़यंत्रकारी की षालीनता षटकों में षमित,
षण्मुख की षाला में षड़यंत्रकारी के षटकोणीय षटकार,
षटकोण की षड़यंत्र में षड़यंत्रकारी की षांत षालीनता,
षड़यंत्र से षड़िल संघर्ष में षड़यंत्रकारी का षासन।

##

षड़यंत्रकारी का षड़यंत्र षटपथ में षण्मुख का षांत षासन,
षटपथों की षड़यंत्रिक षाला में षड़यंत्र का षोडषी षटांक,
षड़यंत्रकारी के षटकोण में षाला की षटपथ संजीवनी,
षोषण के षटक में षड़यंत्र से षांति का षटांक सजीव।

##

षण्मुख के षटकोण में षड़यंत्रकारी का षटपथ षटांक,
षोडष षटकों का षड़यंत्रकारी की षाला में षड़यंत्र,
षड़यंत्रिक षटकोण में षटपथों की षासनिक षटकार संवर्धित,
षटांक में षड़यंत्र से षटकोण का षड़यंत्रकारी षटपथ।

##

षटपथ के षड़यंत्र में षण्मुखी षड़यंत्रकारी का षोषण,
षड़यंत्रकारी की षटपथीय षाला में षटकोण की षटपथ,
षड़यंत्रिक षटांक में षोडष षड़यंत्रकारियों का षड़यंत्र,
षटकोण के षटपथ में षण्मुख का षड़यंत्र से षोषण।

##

षटकोण की षाला में षड़यंत्रकारी के षोधन की षालीनता,
षड़यंत्र से षटांक षटक में षोडष षटकों का षण्मुखी षटपथ,
षटपथ के षटक में षड़यंत्रकारी का षोषण षड़यंत्र संजोया,
षास्त्रीय षटकोणीय षोध की षाला में षटपथ का षड़यंत्र।

##

षोडष षटकों की षड़यंत्री षाला में षण्मुखी षटपथों की षोषण,

षटांक में षड़यंत्रकारी का षटकोणीय षटपथ षड़यंत्रिक संजीवनी,

षटपथ का षड़यंत्र में षांत षण्मुख की षाला का षोधन,

षटांक का षड़यंत्र से षटकोण की षालीनता की षोधनीय षटपथ।

##

षड़यंत्री षटपथ में षटांक की षटकोणीय षोषण सम्पन्न,

षटांक के षोधन में षड़यंत्रकारी की षालीन षाला से षटपथ,

षण्मुख का षड़यंत्र में षटपथों की षोध से षटकोणीय षाला,

षटक के षड़यंत्र से षोधनीय षटपथों का षटकोणीय षड़यंत्र।

##

षोधनीय षटकों में षड़यंत्रकारी का षटकोणीय षासन,

षटक में षड़यंत्र की षाला से षोषण की षालीनता,

षड़यंत्री षटांक की षटकोणीय षटपथ में षण्मुखी षड़यंत्र,

षोषण की षटांक में षड़यंत्रकारी की षालीन षटकोणीय षोध।

##

ष्णिकाश्रय में ष्णिकोदय का ष्णिपाटल ष्णान,

ष्णयुक्त ष्णिप्तमें ष्णिग्ध ष्णायुओं का ष्णिलास।
ष्णिकारों की ष्णिक्षेप में ष्णिप्त ष्णिकांति ष्णापित,
ष्णायविक ष्णिपात में ष्णायुबद्ध ष्णिक्षेप का ष्णिकार।

##

ष्णितांजलि में ष्णिक्षण की ष्णिद्रामयी ष्णिप्ति,
ष्णायुक्त ष्णिग्धता में ष्णायिक ष्णिक्षण की ष्णिधि।
ष्णिग्धांजलि की ष्णिप्ति में ष्णिप्त ष्णायुओं की ष्णांति,
ष्णिक्षण के ष्णिपात में ष्णिक्षित ष्णिग्धता का ष्णायुबंध।

##

षड्यंत्र में षट्कोण का षोध,
षोडशी ने षड्ज गान से किया बोध।
षष्ठी के दिन षण्मुख की षोभा,
षटित हुआ षडानन का क्रोध।

##

षड्यंत्रकारी षडानन के षट्कोण,
षोडशी के षड्ज से हुए मौन।
षण्मुख की षोभा से षट्कोण,
षष्ठी के दिन हुआ सुखद स्पंदन।

स

सरल संगीत की सुरीली साँझ से सुरभित समीरण सजता,
सुंदर सारंगी के स्वर से सप्त सुरों का समावेश सजीव,
साँसों की सरगम से स्वर साधना संगीत की साजिश,
सुर संध्या की साज में संवरती सांस्कृतिक संजीवनी।

##

साहसिक सपनों का सजीव संसार साकार सा सजता,
साँचे में संजोए सपने संवरते संग समय के साथ,
साधना के सतत संघर्ष में स्थिर साहस का संचार,
सफलता की सांझ सरल संकल्प से संवाद समर्थ।

##

संग्रहालय की साज सजावट से साहित्यिक संस्कृति संजीव,
सरोवर के संग सुरम्य संध्या की सुरभित साँसें संगीत,
सामाजिक साहस की संजीवनी से संस्कारों की संविधान,
संवेदना की सुरीली सरगम से साधुओं की साधना समर्पित।

##

समय की सजग साझ में संवाद का स्वर साजिश सम्मोहन,
सपनों की सुरीली सरगम से सार्थक संगीत का संचालन,
साझा संकल्पों की सामयिक सफलता से साझा सम्पन्न,
सामान्य साहस के संग साहसी साहित्य संगीत का सजग।

##

सांसों की संगीतमय साजिश में साहस का संजोया संग,
साधकों का सदन समारोह में सजता सरल साधना संग,
सांझ की सरस सुरभि संग सपनों की सजीव सरगम,
संस्कारों की सामग्री में साकार होता संस्कृति का संचार।

##

सुरक्षा के संग साथ साजिशों का संधान सुलझाता,
साँपों की सरिसृप संगत में सांत्वना का संगीत बजता,
संकट के समय संजीवनी संजोई साहस से साज,
संग्राम के संघर्ष में सामर्थ्य की संविधि समर्पित।

##

सागर के संग सम्मिलित संगीत का सागर संवरता,
साधुओं के सत्संग में साधना की सुरीली साध,
साम्राज्य की समृद्धि संजोती साहित्य की सार्थकता,
सुरक्षित संस्कारों में संजीव संवेदना का सार सजीव।

##

सप्तरंगी सपनों की सुरम्य संध्या में संगीत सजता,
संसार की सामान्य संज्ञा में संघर्ष का संस्कार सजीव,
समर्पण की साधना में संजीवनी की संजीवता सम्मिलित,
सुखद सांत्वना के संग सामंजस्य का सुरीला संवाद।

##

साक्षरता का संकल्प समाज के संसाधन से सामंजस्यपूर्ण,
सर्पिल सीढ़ियों की संगीतमय सजधज में सांस्कृतिक सरगम,
समुद्री सीपियों की सिसकियों में सिंधु की संवेदना सम्मिलित,
साधना के सागर में सजीव संस्कारों का स्थायी संचार।

##

सितारों की समाधि में सान्निध्य की संगत सुरीली सजती,
समर्थन के साये में संवेदना के संसार का संरक्षण,
सुरम्य संध्या का संस्कृतिक सजावट से संपूर्ण संवरण,
साहित्य के सपनों का संवाद सम्पन्न संगीत से संजीव।

##

साहसी संग्राम में सर्वशक्तिमान का साथ सदा साक्षात,
सांचे में साधुता की साँची सम्मान की सम्पन्नता,

सपनों के साहस में संगीत की सुषमा संवाद की संज्ञा,
साझे के सपने सजीव संस्कृति के संरक्षण में सजाए गए।

##

संग्रहालय की सीढ़ियों पर साझेदारी का सामर्थ्य संजोया,
सावन की सुरीली साँझ में सांस्कृतिक संगत का संवरण,
सदाचार के सागर में सामाजिक साहस की संजीवनी,
सुरक्षित संस्कारों का संरक्षण सम्पन्न समाज में सामंजस्य।

##

संजना की संगीत साधना सरगम के स्वरों में संजीवनी,
साधना में संजना के संगीत की स्वरलहरी सुरीली साधित।
संगीत साधना में संजना का समर्पण सर्वोत्कृष्ट साध्य,
संजना के संगीत साधना से साधकों का संग सदैव संवर्धित।

##

सोनल की साँझ सवेरे की सैर सुखद संसार संजोए,
सुबह की सैर में सोनल सुगंधित समीर संग संवाद करे।
साँझ की सैर सोनल सपनों की सजीवता से सजाए,
सुखद संसार की साँझ सवेरे सोनल की सैर सजीव।

##

सीमा की सिंधी साड़ी में सिल्क के सुंदर सपने,

साड़ी के संग सीमा के सपने सजीव संवरे।

सिंधी साड़ी की स्वप्निल सिलाई सीमा को सुहाए,

सिल्वर की सितारें साड़ी पर सज के सबको सम्मोहित करे।

##

सपनों के सजीव संसार में सितारों की संगत में सुखद समय सराहा,

सागर की सीमाओं में सीपियों की सुस्ती में सुनहरे सपने सजे।

सरलता के संग साधना की सिद्धि में साधकों का संकल्प सिद्ध हुआ,

सुबह की सौम्य सन्नाटे में सूर्योदय के सुंदर संकेत समझ आए।

##

साधुओं की साधना में संजीवनी की संभावना सार्थक सिद्ध होती,

संस्कृति के संरक्षण में समाज की सक्रियता सम्माननीय सिद्ध हुई।

सितारों के संगीत में समय का सुरीला स्वर समर्पण से भरा,

सावन की सरसराती सांझ में संगीत का सुखद स्वागत सजीव हुआ।

##

सपनों के संसार में संगीत का सरगम सजता,

सहरा में सरिता की सी सरसराहट सुनाई देती।

सितारों के समूह में सिर्फ सुकून का संचार,
सोच के सागर में साहस का संवाद सदा सजीव।

##

संध्या की सुनहरी साया में सपने सजते,
सूरज की संकेत में समय का संगीत सुनाई देता।
संस्कृति के संवाद में साधना का स्पर्श,
संगमरमर के सिंहासन पर साधु का संस्मरण।

##

सागर के सानिध्य में सुनहरी,
संध्या की सुरमयी सजावट।
सुरीले संगीत से सजी,
साधना की सुंदर स्वर सजावट।

##

सुरेश की संगीत सभा में,
सारे संसार ने सुर साधे।
सुबह से साँझ तक सजे,
सात सुरों के संग साधक साधे।

##

सुहानी के सुरुचिपूर्ण सूचना संकलन, सुरुचिपूर्ण सूचना संकलन सुहानी के,

सुहानी का संकलन सूचना सुरुचिपूर्ण से संपन्न, सूचना संकलन सुहानी की सुरुचिपूर्ण।

सुहानी सुरुचिपूर्ण सूचना संकलन संयोजित,

सुरुचिपूर्ण सूचना संकलन सुहानी संयोजित।

##

श्रेया के शास्त्रीय संगीत साधना सत्र, शास्त्रीय संगीत साधना सत्र श्रेया के,

श्रेया का सत्र शास्त्रीय संगीत साधना से सुरीला, संगीत साधना सत्र श्रेया की शास्त्रीय।

श्रेया शास्त्रीय संगीत साधना सत्र संपन्न,

शास्त्रीय संगीत साधना सत्र श्रेया संपन्न।

##

सिमरन के सिम्फोनी संगीत सम्मेलन, सिम्फोनी संगीत सम्मेलन सिमरन के,

सिमरन का संगीत सम्मेलन सिम्फोनी से सम्पन्न, संगीत सम्मेलन सिमरन की सिम्फोनी।

सिमरन सिम्फोनी संगीत सम्मेलन सजाए,

सिम्फोनी संगीत सम्मेलन सिमरन सजाए।

##

स्मिता की स्मारिका संग्रहण समारोह, स्मारिका संग्रहण समारोह स्मिता की,

स्मिता का समारोह स्मारिका संग्रहण से समृद्ध, संग्रहण समारोह स्मिता की स्मारिका।

स्मिता स्मारिका संग्रहण समारोह संवारे,

स्मारिका संग्रहण समारोह स्मिता संवारे।

##

स्नेहा की सुखद संध्या संगीत सत्र, सुखद संध्या संगीत सत्र स्नेहा की,

स्नेहा का संगीत सत्र संध्या सुखद से सजीव, संध्या संगीत सत्र स्नेहा की सुखद।

स्नेहा सुखद संध्या संगीत सत्र सजाए,

सुखद संध्या संगीत सत्र स्नेहा सजाए।

##

सारिका की संगीत साधना समर्पण, संगीत साधना समर्पण सारिका की,

सारिका का साधना संगीत समर्पण से संपन्न, साधना समर्पण सारिका की संगीत।

सारिका संगीत साधना समर्पण संजोए,

संगीत साधना समर्पण सारिका संजोए।

##

सिद्धार्थ के सिद्धि संकल्प सफलता, सिद्धि संकल्प सफलता सिद्धार्थ के,

सिद्धार्थ का संकल्प सिद्धि सफलता से समृद्ध, संकल्प सिद्धि सिद्धार्थ का सफलता।

सिद्धार्थ सिद्धि संकल्प सफलता संजोए,

सिद्धि संकल्प सफलता सिद्धार्थ संजोए।

##

संजना के संगीत समारोह समृद्धि, संगीत समारोह समृद्धि संजना के,

संजना का समारोह संगीत समृद्धि से सम्पन्न, समारोह संगीत संजना के समृद्धि।

संजना संगीत समारोह समृद्धि सजाए,

संगीत समारोह समृद्धि संजना सजाए।

##

सागर के सान्द्र संगीत संयोजन, सान्द्र संगीत संयोजन सागर के,

सागर का संगीत सान्द्र संयोजन से संपन्न, संगीत संयोजन सागर का सान्द्र।

सागर सान्द्र संगीत संयोजन सजाए,

सान्द्र संगीत संयोजन सागर सजाए।

##

सुमित्रा के सुंदर सपनों का संसार, सुंदर सपनों का संसार सुमित्रा के,

सुमित्रा का सपनों से सजा संसार, सपनों का संसार सुमित्रा सजाए।

सुमित्रा सपनों का संसार सजाए,

सपनों का संसार सुमित्रा सजाए।

##

संजय की संजीवनी संजना संजोए, संजना संजोए संजीवनी संजय की,

संजीवनी संजय की संजना संजोए, संजोए संजना संजीवनी संजय की।

संजना संजीवनी संजय की संजोए,

संजोए संजीवनी संजना संजय की।

##

सुमित के सुंदर सपने सीढ़ी से, सीढ़ी से सपने सुंदर सुमित के,

सपने सुंदर सीढ़ी से सुमित के, सुमित के सपने सुंदर सीढ़ी से।

सुमित सीढ़ी से सपने सुंदर सजाए,

सीढ़ी से सपने सुंदर सुमित सजाए गए।

##

सिक्किम के सिपाही, सेबों को सिलते,

सिलते सिलते सिपाही, सिक्किम से सिलगए।

सेबों को सिलते सिलते, सिपाही सिलगए,
सिक्किम के सिलसिले में, सेब सिलसिले से सिलगए।

##

सपने सुनहरे संगीत साझा सजीव संसार सहारा,
संगीत साझा सजीव संसार सहारा सपने सुनहरे।
सजीव संसार सहारा संगीत साझा सपने सुनहरे,
सहारा सजीव संसार सपने सुनहरे संगीत साझा।

##

संगीत सुनकर सारंगी से सुमन सुमिरन सदा सुखद,
सुनकर सारंगी से सुमन सुमिरन संगीत सदा सुखद।
सारंगी से सुमन सुमिरन सदा सुखद संगीत सुनकर,
सुमन सुमिरन सदा सुखद संगीत सुनकर सारंगी से।

##

सिद्धार्थ सिंह सानुकूल संगीत सजाए सदा,
संगीत सजावट सिद्धार्थ सिंह सानुकूल सदाबहार।
सदाबहार संगीत सिद्धार्थ सिंह सानुकूल,
सिंह सानुकूल संगीत सजावट सिद्धार्थ सदा।

##

सीता संग सरस सरोवर में स्नान सीमित,
सर्प सिर सरकता सीधा सरोवर सीमित।
सीता सहमी सर्प संग संघर्ष सीमित,
सरस सरोवर सुरक्षित सीता संतुष्ट सीमित।

##

सारे संसार की सृजन संभावना,
साहस संग सपनों को साकार कराए।
सरल संकेतों से साधे संवाद,
सपने सजीव संसार सजाए।

##

संभव है सहज संवाद साधना,
सजग सीख संग सृजन सजाए।
संजना संजीवनी संजय की संजोए,
संजोए संजीवनी संजना संजय की।

##

सिंहासन सज्जित सिंह संग सिपाही सजीव संघर्ष सहे,
संघर्ष सहे सजीव सिपाही संग सिंह सज्जित सिंहासन,
सजीव सिपाही संग संघर्ष, सहे सिंह सज्जित सिंहासन।

##

सिसकते सावन में सरसराती सरिता की सुखद संगीत,
संगीत सुखद की सरिता सरसराती में सावन सिसकते,
सरसराती संगीत सुखद की सरिता, सावन में सिसकते।

##

सीता की सीटी से सीता के सितारे सितारों से मिले,
सितारों के संग संगीत सीता की सीटी के संग,
सीटी संग सितारों का संगीत, सीता की सीटी से सजे।

##

सुनीता की सिलाई से सुंदर सलवार सजी,
सिलाई सुनीता की, सुंदर सलवार में सजी,
सुंदर सलवार, सुनीता की सिलाई से सजी।

ह

हर्ष के हाथों में हार की हंसी खिली, हर्ष की हलचल में हास्य का हल्ला

हवा के हल्के हलचल में हृदय का हाल सुनाई दिया।

हिमालय की हिमगिरि में हिम का हास्य,

हृदय के हर कोने में हमदर्दी का हौसला।

##

हर्षित हरियाली की हलचल में हाथी का हौले हौले हाँका,

हास्य की हल्ला में हर हाल में हंसने का हुनर होता है,

हिम्मत का हाथ हाथों में हो तो हर हाल हल होता है,

हवाओं का हलका हुक्का हरदम हृदय को हर्षाता है।

##

हरकत में होशियारी है, हर हर्ष का हल्ला हंगामा,

हुदहुद की हूक में होती है हर हद की हदबंदी हसीन,

हालात के हवाले होते हैं हर हरकत के हासिल,

हल्की हँसी का हल्ला हर घर में हर्षित होता है।

##

हँसते हुए हर हाल में हिंदी हिय को हरा भरा करे,
हर हलचल में है हाथ का हुनर हर हुकूमत से हटकर,
हिचकियों का हल है हँसी, हर हाल में हिचकोले खाते,
हिम्मती हरकतों में होता है हर हसरत का हल।

##

हैरत में हैं हर हाथी जब हाथ मिलाने हवा में हाथ हिले,
हरदम हँसी की होड़ में हर हैरानी है हँसने का हुनर,
हल्के हल्के हवाओं में होली का हुल्लड़ है हर्षाता,
हठात हुई हादसों की हल्ला हमेशा हृदय हराता है।

##

हंसते हुए हाथी हमेशा ही हवाई हरकतें हांकते हैं,
हरियाली के हरे हरे हंगामे में हवस की हवा हिलोरें ले,
हल्का हल्का हास्य हर दिल को हर्ष से हिलोरें दे,
होशियारी से हल किए हर हफ्ते हजार हालात होते हैं।

##

हर हाल में हिंदी का हुनर हाथों हाथ लेता हर जवान,
हैरानी के हादसे में होती है हर्ष की हलचल हमेशा,
हठात होते हर हमले में हिम्मत का हल्ला बोल है,

हरसिंगार की हवा में हलचल का हर्ष है हरसू।

##

हल्दी की हल्की हवा में हंसी का हल्ला गूँजा करती,
हदों को पार हरकतों में हर दिन हास्य की हलचल,
हृदय की हार्दिक हार्दिकता हँसती हर पल है हाथों हाथ,
हँसी की हर हरकत हमेशा हर गम को हवा कर देती है।

##

हिम्मत के हाथ हमेशा ही हँसी की हाट में होते हैं,
हर हवालात में होनी की हुंकार है हरकतों में होती,
हौसलों की हदें हार कर हर हुकूमत हँसी के हाथ,
हवादार हरारत में हरी भरी हंसी हर घर की होती है।

##

हर हरकत हृदय हारी है, हर हवा में हास्य का हलचल,
हरियाली का हर हिस्सा हाथों हाथ लेता है हरियाणा,
हरी भरी हल्दी हवाई हरकतों की हलचल है हंसाती,
हिंदी की हरफ़ हमेशा हद से हद तक हर दिल को है हराती।

##

हर हफ्ते हरियाणवी हंसी हर हल्ले में हल्ला है मचाती,

हासिल की हर हवस में हरकतों का हौसला है बढ़ाती,
हवादार हौज में हरित हरीतिमा है हर हृदय को हराती,
हर घड़ी हंसी की हुकूमत हर हरामी को है हराती।

##

हल्दीघाटी में हल्दी की हलचल हलचल में हर हाल,
हर हस्ती की हंसी है हँसते हुए हरदम है हलात,
हृदय की हार को हँसते हुए हारना है हासिल,
हर हँसी में है हास्य का हुनर हर ख़ासियत से हटकर।

##

हरियाली के हर हिस्से में हरी-भरी हवाएँ हैं हिलाती,
हर हरी भरी हवाई हरकतें हल्के हल्के है हर्षाती,
हर दिन हरदम हरी भरी हवा में हरीतिमा की हलचल,
हर हलकी हलचल में हरीतिमा की हवाई हरकतें हैं हैरान।

##

हरीश का हल्दी हुल्लड़ हर हद में हास्य हासिल करे,
हल्दी की हलचल में हाथों की हलकी हलदी हर्षित करे।
हल्दी के हुल्लड़ में हरीश हर हलके हास्य से हंसे,
हर हल्दी हाथों में हरीश के हास्य की हुंकार भरे।

##

हर्षित हृदय में हरियाली के हास्य का हाहाकार हुआ,
हिमालय की हसीन वादियों में हनीमून के हसीन सपने सजे।
हौसलों के हवाले से होने वाले हर काम में हुनर हासिल हुआ,
हादसों के हार में भी हंसी के हथियार से हराया गया।

##

हजारों हिचकियों में भी हार्दिक हंसी का हल्ला बुलंद हुआ,
हिंदी की हल्की-फुल्की हास्य कविता में हास्य का हुल्लड़ मचा।
हरियाली की हरकत में हर किसी का हौसला हाई हुआ,
हिरणों की हरकतों में हर्ष का होर्डिंग हर कोने में हुआ।

##

हर्ष के हाथों में हार की हंसी खिली,
हवा के हल्के हलचल में हृदय का हाल सुनाई दिया।
हिमालय की हिमगिरि में हिम का हास्य,
हृदय के हर कोने में हमदर्दी का हौसला।

##

हाथी की हठीली हरकत में हंसी का हल्ला,
हरियाली के हर्ष में हमेशा हराभरा हौसला।
हस्ताक्षर की हरकत में हस्ती का हुनर,

हिंदी के हर्फ़ों में हुनर का हाथ हमेशा।

##

हर्ष के हास्य में हंसी का हल्ला,
हिमालय से हृदय तक हर्षित हलचल।
हिरणी के हलके हलचल में,
हाथी का हौले से हंसना हुआ।

##

हर हाल में हार ना मानने का,
हौसला हमें हर हद तक हासिल है।
हवाओं का हल्का हाथों में होना,
हरियाली का हर्ष हर हृदय में है।

##

हर्ष के हिमालय हिमपात हरिनाम, हिमालय हिमपात हरिनाम हर्ष के,
हर्ष का हिमपात हिमालय हरिनाम से हर्षित, हिमपात हरिनाम हर्ष का हिमालय।
हर्ष हिमालय हिमपात हरिनाम हर्षाए,
हिमालय हिमपात हरिनाम हर्ष हर्षाए।

##

हर्षित की हल्की हवाई होड़, हल्की हवाई होड़ हर्षित की,

हर्षित का हवाई होड़ हल्की हलचल से हर्षित, हवाई होड़ हर्षित की हल्की हलचल।

हर्षित हल्की हवाई होड़ हलचल हर्षाए,

हवाई होड़ हल्की हलचल हर्षित हर्षाए।

##

हर्षित की हंसी हवाओं में, हवाओं में हंसी हर्षित की,

हर्षित की हंसी हवा में हर्षित, हवा में हंसी हर्षित की हर्षाए।

हर्षित हवा में हंसी हर्षाए,

हवा में हंसी हर्षित हर्षाए।

##

हस्त हरित हर्षित हरिण हिमांशु हिलोरे हेम हृदय होरी,

हरित हर्षित हरिण हिमांशु हिलोरे हेम हृदय होरी हस्त,

हर्षित हरिण हिमांशु हिलोरे हेम हृदय होरी हस्त हरित,

हरिण हिमांशु हिलोरे हेम हृदय होरी हस्त हरित हर्षित।

##

हर्ष हवेली हंसते हुए हरित हरियाली हसीन हवाओं,

हवेली हंसते हुए हरित हरियाली हसीन हवाओं हर्ष,

हंसते हुए हरित हरियाली हसीन हवाओं हर्ष हवेली,

हुए हरित हरियाली हसीन हवाओं हर्ष हवेली हंसते।

##

हंस हंसकर हरिहर हर्षित हरे हरियाली हंसाए,
हरिहर हर्षित हरे हरियाली हंसाए हंस हंसकर।
हर्षित हरे हरियाली हंसाए हंस हंसकर हरिहर,
हरे हरियाली हंसाए हंस हंसकर हरिहर हर्षित।

##

हर्षित हिरण हरी घास हरख हराभरा हरियाणा है,
हरी घास हरख हराभरा हरियाणा हर्षित हिरण है।
हरख हराभरा हरियाणा है हरी घास हर्षित हिरण,
हरियाणा हरख हराभरा है हर्षित हिरण हरी घास।

##

हिरण हेमंत हरी भरी हरियाली हंसते हुए,
हरी भरी हरियाली हिरण हेमंत हंसते हुए।
हरियाली हरी भरी हिरण हेमंत हंसते हुए,
हंसते हुए हिरण हेमंत हरी भरी हरियाली।

क्ष

क्षत्रपति के क्षेत्र में क्षणिक क्षमता की क्षेत्रपाल,

क्षुधा की क्षुब्ध क्षणों में क्षीर क्षुधा क्षमा करे,

क्षतिग्रस्त क्षत्रिय क्षमा की क्षति को क्षालित करे,

क्षीण क्षमता के क्षणों में क्षेपक का क्षार क्षालन।

##

क्षणभंगुर क्षत्रप का क्षत्र में क्षितिज का क्षेपण,

क्षुरस्य क्षरण क्षेत्र में क्षिप्र क्षुधित क्षणों का क्षय,

क्षत्रपति क्षालन का क्षिप्र क्षरण क्षण क्षण में क्षत,

क्षमा के क्षणों में क्षमता का क्षीण क्षयंकर क्षरण।

##

क्षुधार्त क्षत्रपति का क्षेत्रपाल क्षणिक क्षत्र क्षय,

क्षुब्ध क्षणों का क्षिप्र क्षरण क्षमता के क्षितिज पर,

क्षारीय क्षेपक का क्षरण क्षत्रिय की क्षमता को क्षालित,

क्षमायाचना के क्षण में क्षितिज का क्षेपण क्षुब्ध।

##

क्षणभर का क्षत्रप क्षेत्र में क्षुब्ध क्षारीय क्षरण,
क्षुधा की क्षमता का क्षत्रपति क्षेपक क्षत्र में क्षालित,
क्षणों का क्षत्रप क्षेत्रपाल का क्षरण क्षमता क्षुब्ध करे,
क्षितिज के क्षेत्र में क्षालन का क्षरण क्षत्रपति क्षयंकर।

##

क्षत्रप की क्षमता में क्षितिज का क्षणभंगुर क्षेपण
क्षणिक क्षमता की क्षत्रपति क्षेत्रपाल
क्षिप्र क्षत्रपाल का क्षेत्र में क्षतिग्रस्त क्षमताओं का क्षरण,
क्षितिज पर क्षण क्षण का क्षार क्षालन से क्षेपण।

##

क्षत्रप की क्षमता क्षणभंगुर, क्षितिज पर क्षेपण क्षीण,
क्षत-विक्षत क्षेत्र में क्षेत्रपाल का क्षिप्र क्षरण,
क्षुद्र क्षतियों की क्षमा करता क्षत्रिय का क्षात्र धर्म,
क्षार क्षेत्रों में क्षितिज की क्षमता का क्षीण क्षरण।

##

क्षुब्ध क्षत्रप क्षत्रपाल की क्षुधित क्षमता का क्षय,
क्षरण क्षण में क्षितिज के क्षेपण की क्षिप्र क्रिया,
क्षेत्रपाल की क्षत्र धर्म का क्षारीय क्षणभंगुरता,
क्षेत्रीय क्षति के क्षरण से क्षात्र क्षमता का क्षीणन।

##

क्षमाशील क्षत्रिय का क्षत्रपाल संग क्षयमुक्त क्षरण,
क्षुद्र क्षणों में क्षात्र क्षमताओं का क्षीर्ण क्षरण,
क्षिप्र क्षितिज पर क्षत्रपाल की क्षमा का क्षीण क्षेपक,
क्षारण के क्षण में क्षमता का क्षात्र धर्म क्षुधित।

##

क्षणिक क्षेत्रपाल की क्षत्र क्षमता का क्षुद्र क्षरण,
क्षत्रिय की क्षालन क्रिया में क्षमायाचना का क्षरण,
क्षयी क्षमताओं का क्षेपण क्षितिज पर क्षिप्रता से,
क्षुर की क्षमता से क्षतियों की क्षत्रप का क्षीणन।

##

क्षार क्षेत्र में क्षमायाचना की क्षमता क्षितिज से क्षीण,
क्षुधार्त क्षत्रप का क्षणभंगुर क्षति क्षय से क्षरण,
क्षिप्र क्षत्रपाल का क्षेत्र में क्षतिग्रस्त क्षमताओं का क्षरण,
क्षितिज पर क्षण क्षण का क्षार क्षालन से क्षेपण।

##

क्षेपक क्षितिज पर क्षत्रपाल के क्षेत्रीय क्षात्र क्रियाओं का क्षरण,
क्षणिक क्षमताएं क्षितिज पर क्षीर्ण क्षरण से क्षयमान,

क्षत्र की क्षमाशीलता में क्षात्र धर्म का क्षेत्रपाल क्रियान्वित,
क्षात्र क्रियाओं का क्षेत्रपाल से क्षीर्ण क्षमता का क्षरण।

##

क्षत्रप क्षेत्रीय क्षेपण में क्षिप्रतापूर्वक क्षारीय क्षरण,
क्षय क्षमताओं की क्षत्रपाल क्रियाओं में क्षितिज का क्षालन,
क्षितिज के क्षण में क्षार क्षमता का क्षेपक क्षरण,
क्षणभंगुर क्षमता के क्षिप्र क्षत्रपाल का क्षयान्वित क्षरण।

##

क्षालन के क्षेत्र में क्षार क्षिप्रता से क्षण क्षण का क्षय,
क्षमाशील क्षत्रपाल की क्षमता क्षत्र क्षेत्र में क्षीर्ण,
क्षेपण की क्षिप्रता क्षत्रप क्षेत्रीय क्षमता का क्षयान्वयन,
क्षत्र क्षितिज पर क्षार क्षमता का क्षेपक क्षरण क्षणभंगुर।

##

श्रद्धा के श्रवण में श्रावण की श्रद्धांजलि श्रीवर्धन,
श्रमजीवी की श्रमसाध्य शृंखला में श्रम का श्रेयश्री।
श्रेष्ठता के श्रीगणेश में श्रीकृष्ण की श्रीमुखी शृंगार,
श्रव्य श्रुतियों में श्रेयस्कर श्रवण की श्रीधारणा श्रेष्ठ।

##

श्रांत शरीर में श्रेयस्कर श्रम का श्रीवत्स श्रृंखल,
श्रीफल की श्रीवृद्धि में श्रीमान की श्रीमुखी श्रद्धा।
श्रृंगार रस में श्रव्य संगीत की श्रीमती श्रीलता,
श्रद्धेय श्रुतियों की श्रीकृति में श्रेयस्कर श्रृंखला।

##

क्षणिक क्षतियों में क्षमता का क्षार,
क्षितिज के क्षीण क्षणों में क्षणभंगुरता का क्षेपण।
क्षेत्रवाद के क्षुरधार में क्षेत्रीय क्षमाओं का क्षरण,
क्षत्रियों के क्षात्र धर्म में क्षालन के क्षीण क्षण।

##

क्षेम की क्षणभंगुर क्षाय में क्षिप्र क्षुधा का क्षय,
क्षुब्ध क्षितिज पर क्षार-क्षीर की क्षम्य क्षताएं।
क्षेपक क्षमापना में क्षणभंगुर क्षेत्रपाल का क्षण,
क्षुरस्य धारा पर क्षेत्रीय क्षमता का क्षेपण।

##

क्षितिज पर क्षणभंगुर क्षमता,
क्षेत्रपाल की क्षीरसागर क्षिप्रता।
क्षमाशील क्षत्रिय क्षमताओं का,
क्षरण करते क्षीण क्षणों का नाता।

##

क्षेत्रीय क्षत्रिय का क्षेपण,
क्षमता के क्षरण का ज्ञान।
क्षीरसागर में क्षणभंगुरता,
क्षय होती क्षमता की शान।

त्र

त्रिवेणी के तट पर त्रिपुरारि की त्रिलोकी

त्रुटिपूर्ण त्राण के त्रासदी में त्राता का त्रान्त,
त्रिवेणी में त्रिगुणित त्रिशूल संग त्रिलोकी का त्रास।

##

त्रिपुरा के तरबूज तिरछे तालाब में तैरे,
तरबूज तैरे तिरछे तालाब में त्रिपुरा के,
तालाब तिरछा, तरबूज तैरे, त्रिपुरा के तरबूज।

##

त्रिवेणी के तट पर त्रिपुरारि का त्रियोग,
त्रिलोकी की त्रिपथी में त्रिज्या का तरण त्योरी,
त्रिविध तप के त्राण में त्रुटिहीन त्रुटिपूर्ण त्रिशूल,
त्रिगुणात्मक त्रिधा त्रिपथगा में त्रिशंकु का तर्पण।

##

त्रिफला के त्रयी त्रासदी में त्रिशूल की त्राण त्रिपाठी,
त्रुटिहीन तरंगों की त्रिलोकी त्रिविध त्रय में तिरछी,

त्रिकोण के त्रयास्त में त्रासद त्रुटियों का त्राण तराशा,
त्रिसंध्या की त्रासदी में त्रिलोचन की त्राहि त्राहि।

##

त्रिपुर की त्राण त्रियोग में त्रुटिपूर्ण त्रिलोचन तर्ज,
त्रिभुवन की त्रयी तरफ़ से त्रासदी की त्राहि-त्राहि,
त्रैलोक्य के त्रिनयन से त्रिपथ पर त्रुटि की त्राण त्रय,
त्रिधारा के त्रास में त्रयी त्रिज्या का त्रुटिहीन तराना।

##

त्रिशूल की त्रिकोणी तरंगें त्रिवेणी में त्रास दिलाती,
त्रिभुज की त्रुटिहीन त्रिकाल दर्शी त्रिपाठी त्रय बनाती,
त्रियामा की त्रयी तरफ़ से त्रिलोक की त्राहि त्राहि,
त्रिनेत्री त्रुटियों का त्रिपथ में त्रुटिपूर्ण त्रासदी।

##

त्रिशंकु के त्रयी त्रास से त्रिवेणी में त्रिपथगा का त्राण,
त्रैलोक्य का त्रिविध त्रासदी त्रिलोक की त्रयी त्रिपथ में,
त्रिकोणी तरीके से त्राण पाने की त्रुटिहीन तरकीब,
त्रिपुरारि का त्रिशूल त्रिगुण से त्रयी त्राण त्रास मिटाता।

##

त्राण त्रिभुवन में त्रिलोचन के त्राहि-त्राहि त्रिगुणात्मक,
त्रैगुण्यता के त्रयी त्रिवेणी में त्रिशंकु का त्रिविध त्रास,
त्रिविध त्रुटियाँ त्रैलोक्य में त्रिपथी त्रिधा त्राण बचाती,
त्रिज्या की त्रिकोणी तरीके से त्रिवेणी में त्राण संजोती।

##

त्रिपथगा की त्रिधारा में त्रिशंकु के त्रास का त्राण,
त्रुटिहीन त्रैलोक्य में त्राहि त्रिगुणात्मक त्रिलोकी त्रिकाल,
त्रैगुण्य के त्रय त्रास से त्रिविध त्रिवेणी त्रिज्या त्राणित,
त्रिपुर की त्रिधारा त्राण त्रयी त्रिगुणात्मक त्रास संग्राम।

##

त्रिज्या के त्रिपुरान्तक में त्रिलोक का त्रासद त्राण,
त्रिशंकु की त्राहि त्रिगुणी त्रयी त्रास का त्रिपथ,
त्रिगुणी त्रिवेणी के त्रिज्या त्राण की त्रिकोणी त्रिलोक,
त्रिशूली त्रयी त्रासदी में त्रिगुणात्मक त्राण त्रास मिटाती।

##

त्रिवेणी के तीर पर त्रिपुरांतक ने त्रास दिया त्रिशंकु को,
त्रैतक की त्रासदी में त्रिगुणात्मक त्रिलोचन त्रिविध त्रयास में,
त्रुटिहीन त्राण का तरीका त्रैलोक्य में त्रिपथी त्रिपाठी द्वारा,
त्रिकोण के त्रयी त्रास में त्रासदी का त्राण त्रिपुरान्तक से।

##

त्रिधा त्रिवेणी में त्रियोग त्रासद का त्रास त्राण बना,
त्रिलोकी का त्राण त्रिधारा में त्रिज्या की त्रिपथ में,
त्रियामा के त्रासदी से त्रिपुर का त्राण त्रिलोचन करे,
त्रिपथ में त्रिगुणात्मक त्रिवेणी का त्रासदी का त्राण।

##

त्रिशूल त्रासदी का त्राण त्रिवेणी में त्रिगुण त्रास दे,
त्रिपथी की त्रिकोण में त्रिधारा त्रासदी का त्राण त्रिलोचन,
त्रियोग में त्रिवेणी की त्रिधा त्रिलोकी त्राण त्रयास दे,
त्रुटिहीन त्रिपथ में त्रिशूली त्रिगुणात्मक त्रिधारा त्रास मिटे।

##

त्राण की त्रिवेणी में त्रासदी का त्रिलोचन त्रिज्या त्रिपथ,
त्रिधारा की त्रिकोण में त्रिगुणात्मक त्रिलोकी त्रिज्या त्रास,
त्रिपथी की त्रियोग में त्रासद की त्राण त्रिवेणी त्रिपथगा,
त्रुटिहीन त्राण में त्रिधारा का त्रासदी का त्राण त्रिशंकु।

##

त्रुटिपूर्ण त्राण के त्रासदी में त्राता का त्रान्त,
त्रिवेणी में त्रिगुणित त्रिशूल संग त्रिलोकी का त्रास।

त्राहिमाम् स्वामी त्रिकोण में त्रिपथगा का त्राण,
त्रैलोक्य का त्राणकर्ता त्रैलोक्य-त्रिविध त्रासदी में।

##

त्रिपुरासुर के त्रास से त्रिविक्रम का त्राणयज्ञ,
त्रिशंकु के त्रासदी में त्रिशूली त्रिपुरान्तक का त्राण।
त्रिलोक की त्रिपथी पर त्रिपुर का त्रिपुरारि त्राण,
त्रिगुणात्मक त्रिवेणी संगम में त्रासद से त्राण का त्राटक।

##

त्रिशूल धारे त्रिलोचन ने,
त्रिपथगा में त्राण का तराना बजाया।
त्रिवेणी में त्रिगुण का ताना-बाना,
त्रिकाल दर्शन त्रिशक्ति ने दिखाया।

##

त्रिविध त्रासदी में त्रिवेदी का,
त्रियामा में त्राण की तलाश।
त्रिकोण के त्रिभुज में त्रिपुरारी,
त्रिलोकी का त्राण सदा सर्वश्रेष्ठ।

ज्ञ

ज्ञान की ज्ञानगंगा में ज्ञाताओं का ज्ञापन

ज्ञान के ज्ञप्तियों में ज्ञानियों का ज्ञान।

ज्ञानमूर्ति का ज्ञानसागर में ज्ञानयान का ज्ञानसमारोह,

ज्ञानशिरोमणि का ज्ञानमंडित ज्ञानस्थली में ज्ञानागमन।

##

ज्ञान की ज्ञानगंगा में ज्ञाताओं का ज्ञापन,

ज्ञानीजनों की ज्ञानशाला में ज्ञानवृद्धि का ज्ञानार्जन,

ज्ञानी ज्ञान को ज्ञात कर ज्ञापन करें ज्ञानदान,

ज्ञानगंगा की ज्ञानमयी जलधारा ज्ञानी का ज्ञानामृत।

##

ज्ञान का ज्ञानी ज्ञाता ज्ञानशाला में ज्ञान ज्ञापित करता,

ज्ञानियों का ज्ञानार्जन ज्ञानगंगा की ज्ञानमयी जलधारा,

ज्ञाता की ज्ञानगंगा ज्ञानामृत से ज्ञानी ज्ञानवान बने,

ज्ञानी ज्ञानशाला में ज्ञानार्जन कर ज्ञानमयी ज्ञान को जाने।

##

ज्ञानवृद्धि की ज्ञानशाला में ज्ञानियों का ज्ञानार्जन,

ज्ञानगंगा के ज्ञानी जल में ज्ञाताओं की ज्ञानमयी जलधारा,

ज्ञान की ज्ञानगंगा में ज्ञानामृत का ज्ञानी ज्ञानार्जन,

ज्ञाता की ज्ञानशाला में ज्ञान का ज्ञानी ज्ञापन ज्ञात होता।

##

ज्ञानमयी ज्ञानगंगा में ज्ञानी ज्ञाताओं का ज्ञान जाग्रत,

ज्ञानवृद्धि का ज्ञानार्जन ज्ञानगंगा में ज्ञानी ज्ञाता करें,

ज्ञानशाला के ज्ञानी ज्ञान की ज्ञानगंगा को ज्ञात करें,

ज्ञानदान का ज्ञापन ज्ञानशाला में ज्ञानवान ज्ञाता के द्वारा।

##

ज्ञानियों की ज्ञानशाला में ज्ञान की ज्ञात्री ज्ञापित,

ज्ञान का ज्ञप्ति ज्ञानार्जन में ज्ञानी ज्ञान ज्ञानता,

ज्ञानमय ज्ञानगंगा का ज्ञानवर्धक ज्ञानयज्ञ,

ज्ञानिक ज्ञान का ज्ञापन ज्ञानमयी ज्ञानशीलता से।

##

ज्ञाताओं का ज्ञानोदय ज्ञानगंगा की ज्ञानधारा में,

ज्ञानांजन से ज्ञान ज्ञात होता ज्ञानियों के ज्ञापन में,

ज्ञानोज्ज्वल ज्ञानमूर्ति का ज्ञानयोग ज्ञानागम में,

ज्ञान ज्ञाह्वान का ज्ञात्री ज्ञानसागर में ज्ञानवाहन।

##

ज्ञान की ज्ञानगंगा में ज्ञानी ज्ञाताओं की ज्ञानयात्रा,
ज्ञानामृत की ज्ञानधारा से ज्ञानार्जित ज्ञानविज्ञान,
ज्ञानसंचय की ज्ञानकोश में ज्ञानी ज्ञाता का ज्ञानानंद,
ज्ञानस्थली में ज्ञानपीठ का ज्ञानमंडित ज्ञानोत्सव।

##

ज्ञानप्रेमी ज्ञानार्जन में ज्ञान की ज्ञानशाला में ज्ञानराज,
ज्ञानान्वेषी ज्ञानाधार की ज्ञानगंगा में ज्ञानाग्नि,
ज्ञानभास्कर का ज्ञानोत्थान ज्ञानाश्रम में ज्ञानसाधना,
ज्ञानविज्ञान की ज्ञानमुद्रा में ज्ञान की ज्ञानमयी ज्ञाति।

##

ज्ञानगंगा के ज्ञानोत्सव में ज्ञानी ज्ञाताओं का ज्ञानोत्थान,
ज्ञानदीप की ज्ञानज्योति से ज्ञानपथ का ज्ञानविस्तार,
ज्ञानवाहक की ज्ञानलीला में ज्ञानपीठ का ज्ञानार्पण,
ज्ञानार्जित ज्ञानविज्ञान से ज्ञानाश्रम का ज्ञान संवर्धन।

##

ज्ञान की ज्ञानगंगा में ज्ञानागार की ज्ञानभूमि,
ज्ञानाधिकार की ज्ञानयात्रा में ज्ञानानंद का ज्ञानपथ,

ज्ञानवर्षा की ज्ञानक्रिया में ज्ञानमंडित ज्ञानदूत,
ज्ञानांजन से ज्ञानशक्ति का ज्ञानामृत ज्ञानसंग्रह।

##

ज्ञानयोग की ज्ञानराशि में ज्ञानमय ज्ञानावली,
ज्ञानातीत का ज्ञानमार्ग में ज्ञानी ज्ञानक्रांति,
ज्ञानदीप्ति की ज्ञानवाहिनी में ज्ञानात्मक ज्ञानाभ्यास,
ज्ञानवान की ज्ञानाशक्ति से ज्ञानदर्शन का ज्ञानसंप्रेषण।

##

ज्ञानापेक्षा की ज्ञानश्रृंखला में ज्ञानाश्रय का ज्ञानावर्तन,
ज्ञानशील की ज्ञानसाधना से ज्ञानजीवी का ज्ञानसंचार,
ज्ञानाधार की ज्ञानधारणा में ज्ञानप्रद का ज्ञानसूत्र,
ज्ञानसागर में ज्ञानदृष्टि से ज्ञानरत्न का ज्ञानसंकलन।

##

ग्यान की ग्निधि में ग्नेय ग्नानकांड का ग्नानी ग्नापक,
ग्निकुंड में ग्निमय ग्निहोत्र की ग्निपूजा ग्निसंग्रह का ग्नाहक।
ग्निरोध की ग्निरोधक ग्निमय ग्नानकांड में ग्नानग्नि का ग्नान,
ग्निशामक की ग्निवृद्धि में ग्निप्रवाह का ग्नानवृद्धि ग्नियोजन।

##

ज्ञानगंगा में ज्ञानी जन,
ज्ञान का ज्ञापन ज्ञात करते।
ज्ञानयज्ञ में ज्वलित ज्योति से,
ज्ञान की ज्योतिषी जगमगाते।

##

ज्ञानेश्वर के ज्ञान जल से,
ज्ञान की ज्योति जग में फैले।
ज्ञानी जनों की ज्ञानशीलता से,
ज्ञान का ज्ञानोदय जगत में जगे।

##

ज्ञानी के ज्ञान में ज्ञापन का ज्ञान,
ज्ञातव्य ज्ञानकोष में ज्ञाता की ज्ञानशाला,
ज्ञानगंगा के जल में ज्ञानरूपी झालमल,
ज्ञानिनी का ज्ञान ज्ञानार्जन की ज्ञानयात्रा।

##

ज्ञान की ज्योति से ज्ञानेश्वर का ज्ञानोदय,
ज्ञानमुद्रा में ज्ञानवंत का ज्ञानोपाय,
ज्ञानीजनों की ज्ञानभूमि पर ज्ञानवृष्टि,
ज्ञानवान की ज्ञानशक्ति से ज्ञानयोग का ज्ञानामृत।

##

ज्ञाताओं की ज्ञानसभा में ज्ञानी की ज्ञानगोष्ठी,
ज्ञान की ज्ञापक ज्ञापिका ज्ञानमयी ज्ञानपीठी,
ज्ञानोत्सव में ज्ञानवर्धक ज्ञानग्रंथि का ज्ञानार्पण,
ज्ञानाश्रयी ज्ञानक्षेत्र में ज्ञानात्मक ज्ञानसंचार।

##

ज्ञानशील ज्ञानगुरु की ज्ञानशाला में ज्ञानगान,
ज्ञानजीवी का ज्ञानाभ्यास ज्ञानोद्यान की ज्ञानक्रिया,
ज्ञानविज्ञान के ज्ञानपथ पर ज्ञानविस्तार का ज्ञानसंवाद,
ज्ञानवृद्धि का ज्ञानोत्साह, ज्ञानवाहक का ज्ञानारोहण।

##

ज्ञानी का ज्ञान ज्ञानज्योति से ज्ञानवती तक ज्ञानसंचित,
ज्ञानार्जित ज्ञानभार से ज्ञानसंभार तक ज्ञानसंपन्न,
ज्ञानमूर्ति का ज्ञानसागर में ज्ञानयान का ज्ञानसमारोह,
ज्ञानशिरोमणि का ज्ञानमंडित ज्ञानस्थली में ज्ञानागमन।

##

ज्ञानपथ पर ज्ञानदीप की ज्योति जली,
ज्ञानघन ज्ञानस्थली में ज्ञानज्वाला से ज्ञानानंद,

ज्ञानवितान में ज्ञानप्राप्ति की ज्ञानयात्रा,
ज्ञानीजन की ज्ञानाशीष से ज्ञानवारिधि ज्ञानवृष्टि।

##

ज्ञानार्जन की ज्ञानशाला में ज्ञानशिक्षा जगी,
ज्ञानसिंधु में ज्ञानहीन का ज्ञानागम,
ज्ञानस्पर्शी ज्ञानमुद्रा से ज्ञानवती का ज्ञानालिंगन,
ज्ञानामृत की ज्ञानपीठ पर ज्ञानाभिषेक ज्ञानवर्षण।

##

ज्ञानवाहिनी की ज्ञानवीणा पर ज्ञानगीत गाया,
ज्ञानधारा की ज्ञानलीला में ज्ञानलोक का ज्ञानोत्सव,
ज्ञानी का ज्ञानचक्षु ज्ञानप्रसून से ज्ञानार्पित,
ज्ञानान्वित का ज्ञानसंचार ज्ञानमार्ग पर ज्ञानवत।

##

ज्ञानदूत की ज्ञानगणिका में ज्ञानाकर्षण,
ज्ञानांकन की ज्ञानयोग्यता में ज्ञानात्मक ज्ञानसंवाद,
ज्ञानश्रेष्ठ की ज्ञानसेवा में ज्ञानायतन का ज्ञानोदय,
ज्ञानवाणी की ज्ञानसरिता में ज्ञानविहार का ज्ञानाराधन।

##

ज्ञानशालिका के ज्ञानागार में ज्ञानकथा की ज्ञानगूढ़ता,
ज्ञानाश्रित की ज्ञानपटल पर ज्ञानप्रद का ज्ञानप्रचार,
ज्ञानार्णव की ज्ञानधार में ज्ञानसंपूर्ण का ज्ञानसमाहार,
ज्ञानसूक्त की ज्ञानश्री में ज्ञानशिल्प का ज्ञानावरण।

##

ज्ञानजीवन की ज्ञात्री में ज्ञानकोष का ज्ञापन,
ज्ञाताराम के ज्ञानपथ पर ज्ञानविधान की ज्ञानोदय,
ज्ञानानंद का ज्ञानाश्रम में ज्ञानयज्ञ का ज्ञानोत्सुक,
ज्ञानविज्ञ की ज्ञानगंधा से ज्ञानार्जित ज्ञानसंग्रह।

##

ज्ञानांजन के ज्ञानदीप से ज्ञानप्रभा का ज्ञानमोद,
ज्ञानकार की ज्ञानाग्नि में ज्ञानलीला की ज्ञानलहर,
ज्ञानशिखा की ज्ञानहवन में ज्ञानरश्मि का ज्ञानराग,
ज्ञानपुष्प का ज्ञानस्थली पर ज्ञानवास का ज्ञानवाहक।

##

ज्ञानभूषण के ज्ञानाभास में ज्ञानवर्षी का ज्ञानसार,
ज्ञानकीर्तन की ज्ञानमाला में ज्ञानकल्प का ज्ञानकाम,
ज्ञानयोगी का ज्ञानतप में ज्ञानसंध्या का ज्ञानसंगीत,
ज्ञानमंदिर की ज्ञानशाला में ज्ञानवादी का ज्ञानशास्त्र।

##

ज्ञानापन की ज्ञानगिरि में ज्ञानवृक्ष का ज्ञानफल,
ज्ञानसिद्धि के ज्ञानादर्श में ज्ञानवान की ज्ञानशीला,
ज्ञानप्रीत की ज्ञानदृष्टि से ज्ञानपुंज का ज्ञानोपहार,
ज्ञानचेतन की ज्ञानवेदी पर ज्ञानमुक्त का ज्ञानसंज्ञान।

##

ज्ञानदाता के ज्ञानामृत में ज्ञानरत्न की ज्ञानवारी,
ज्ञानसंचित की ज्ञानायन में ज्ञानशोध का ज्ञानस्नेह,
ज्ञानी का ज्ञानस्थान में ज्ञानाराध्य की ज्ञानालोक,
ज्ञानविमुख का ज्ञानदृग में ज्ञानशक्ति का ज्ञानस्पर्श।

स्वर Vowels

अ आ इ ई उ ऊ ए ऐ ओ औ अं अः

अंग्रेज़ी में स्वरों को 'वॉवेल' (Vowel) कहते हैं. स्वर वे ध्वनियां होती हैं जिन्हें बिना किसी दूसरे वर्ण की मदद के उच्चारित किया जा सकता है. स्वर वे वर्ण होते हैं जिनके उच्चारण के लिए किसी दूसरे वर्ण की ज़रूरत नहीं होती. स्वरों का उच्चारण बिना रुके लगातार होता है. वहीं, व्यंजनों का उच्चारण लगातार नहीं होता. अंग्रेज़ी वर्णमाला में 26 अक्षर होते हैं, जिनमें से 5 स्वर और 21 व्यंजन होते हैं. जिन अक्षरों का उच्चारण बिना किसी अन्य अक्षर की सहायता के किया जा सके, उन्हें स्वर कहते हैं. अंग्रेज़ी में स्वरों की संख्या 5 होती है. a, e, i, o, u अंग्रेज़ी के स्वर हैं.

भारत सरकार द्वारा स्वीकृत मानक हिन्दी वर्णमाला में 11 स्वर और 35 व्यंजन हैं. हिन्दी भाषा में मूल रूप से ग्यारह स्वर होते हैं. ग्यारह स्वर के वर्ण : अ,आ,इ,ई,उ,ऊ,ऋ,ए,ऐ,ओ,औ आदि. हिन्दी भाषा में ऋ को आधा स्वर(अर्धस्वर) माना जाता है,अतः इसे स्वर में शामिल किया गया है. हिन्दी भाषा में प्रायः ऋ और ल का प्रयोग नहीं होता है. पारंपरिक हिन्दी वर्णमाला में 13 स्वर और 33 व्यंजन होते हैं. पारंपरिक हिन्दी में अं [अम] और अः [आह] अक्षरों को स्वर माना जाता है, जबकि मानक हिन्दी में इन्हें व्यंजन माना जाता है.

स्वर

अभिनव के अभिनय अभियान अभिनीत अभिनयों में अभूतपूर्व,

अभियान में अभिनव का अभिनय अभिव्यक्ति का अभिषेक।

अभिनय के अभियान में अभिनव की अभिरुचि अभिनंदनीय,

अभिनय अभियान की अभिलाषा में अभिनव का अभिनव अभिसार।

##

उमा के उत्सवी उल्लास में उत्कर्ष का उल्लेख उल्लासित,

उल्लास में उमंग के उत्कृष्ट उदाहरण उमा उद्धृत करे।

उत्सव के उन्माद में उमा का उत्साह उदारतापूर्वक उजागर,

उमा के उत्सवी उल्लास में उत्कृष्टता की उम्मीदें उड़ान भरे।

##

अजय के अजीबोगरीब अजायब अद्वितीय अद्भुत आकर्षित,

अजायबघर के अनुपम अजायब में अजय का अनुसंधान अमूल्य।

अजीबोगरीब अजायबों की अद्भुत अभिव्यक्ति अजय अवलंबित,

अजय के अजायब अभियान में अजीबोगरीब अद्भुतता अन्वेषित।

अनिता की अंगूरी अलंकार में अनुपम अंगूर अलंकृत,

अंगूरों की अद्भुत अलंकारिक अलंकरण अनिता अर्जित।

अलंकार की अभिव्यक्ति में अंगूरी अनुशासन अनुभवी,

अनिता के अंगूरों का अलंकार अद्वितीय आकर्षण अर्पित।

आयुष के आयुर्वेदिक अनुप्रयोग अध्ययन, आयुर्वेदिक अनुप्रयोग अध्ययन आयुष के,

आयुष का अध्ययन आयुर्वेदिक अनुप्रयोग से अमूल्य, अनुप्रयोग अध्ययन आयुष का आयुर्वेदिक।

आयुष आयुर्वेदिक अनुप्रयोग अध्ययन अन्वेषण,

आयुर्वेदिक अनुप्रयोग अध्ययन आयुष अन्वेषण।

आरव की अर्थशास्त्र अवधारणा आलोचना, अर्थशास्त्र अवधारणा आलोचना आरव की,

आरव का अवधारणा अर्थशास्त्र आलोचना से अनुपम, अवधारणा आलोचना आरव की अर्थशास्त्र।

आरव अर्थशास्त्र अवधारणा आलोचना अन्वेषित,

अर्थशास्त्र अवधारणा आलोचना आरव अन्वेषित।

##

अनुराधा के अध्ययन अभियान अद्वितीय, अध्ययन अभियान अद्वितीय अनुराधा के,

अनुराधा का अभियान अध्ययन अद्वितीयता से आकर्षक, अभियान अध्ययन अनुराधा का अद्वितीय।

अनुराधा अध्ययन अभियान अद्वितीय अभिनव करे,

अध्ययन अभियान अद्वितीय अनुराधा अभिनव करे।

##

उमा के उत्कृष्ट उद्यान उत्सव, उत्कृष्ट उद्यान उत्सव उमा के,

उमा का उद्यान उत्कृष्ट उत्सव से उन्नत, उद्यान उत्सव उमा का उत्कृष्ट।

उमा उत्कृष्ट उद्यान उत्सव उपस्थित,

उत्कृष्ट उद्यान उत्सव उमा उपस्थित।

##

अमित के आधुनिक अनुशासन अवलोकन, आधुनिक अनुशासन अवलोकन अमित के,

अमित का अवलोकन आधुनिक अनुशासन से अग्रणी, अनुशासन अवलोकन अमित का आधुनिक।

अमित आधुनिक अनुशासन अवलोकन अग्रसर,

आधुनिक अनुशासन अवलोकन अमित अग्रसर।

##

आकाश के आविष्कारिक अन्तर्दृष्टि आलेख, आविष्कारिक अन्तर्दृष्टि आलेख आकाश के,

आकाश का आविष्कारिक अन्तर्दृष्टि से आलेख अद्वितीय, अन्तर्दृष्टि आलेख आकाश का आविष्कारिक।

आकाश आविष्कारिक अन्तर्दृष्टि आलेख अभिनव,

आविष्कारिक अन्तर्दृष्टि आलेख आकाश अभिनव।

##

अंजलि के अंतरिक्ष अभियान अनुभव, अंतरिक्ष अभियान अनुभव अंजलि के,

अंजलि का अभियान अंतरिक्ष अनुभव से अद्भुत, अभियान अनुभव अंजलि का अंतरिक्ष।

अंजलि अंतरिक्ष अभियान अनुभव अवलोकन,

अंतरिक्ष अभियान अनुभव अंजलि अवलोकन।

##

अंकिता के अद्वितीय अर्क अनुसंधान, अद्वितीय अर्क अनुसंधान अंकिता के,

अंकिता का अनुसंधान अर्क अद्वितीयता से आपूरित, अर्क अनुसंधान अंकिता का अद्वितीय।

अंकिता अद्वितीय अर्क अनुसंधान अभिनव करे,

अद्वितीय अर्क अनुसंधान अंकिता अभिनव करे।

##

अभिनव की अभियांत्रिकी अभिरुचि अनुपम, अभियांत्रिकी अभिरुचि अनुपम अभिनव की,

अभिनव का अभियांत्रिकी अभिरुचि अनुपमता से अनूठा, अभिरुचि अभियांत्रिकी अभिनव की अनुपम।

अभिनव अभियांत्रिकी अभिरुचि अनुपम अवलोकन,

अभियांत्रिकी अभिरुचि अनुपम अभिनव अवलोकन।

##

अनुराग की अद्वितीय अनुकूलन अभियान, अद्वितीय अनुकूलन अभियान अनुराग की,

अनुराग का अनुकूलन अद्वितीय अभियान से अभिनव, अनुकूलन अभियान अनुराग का अद्वितीय।

अनुराग अद्वितीय अनुकूलन अभियान अवलंब,

अद्वितीय अनुकूलन अभियान अनुराग अवलंब।

##

आदित्य की आकाशीय आविष्कार आकर्षण, आकाशीय आविष्कार आकर्षण आदित्य की,

आदित्य का आविष्कार आकाशीय आकर्षण से अनुपम, आविष्कार आदित्य की आकाशीय आकर्षण।

आदित्य आकाशीय आविष्कार आकर्षण अभिनव,

आकाशीय आविष्कार आदित्य आकर्षण अभिनव।

##

अर्जुन के अर्धचंद्र अंकन अद्वितीय, अर्धचंद्र अंकन अद्वितीय अर्जुन के,

अर्जुन का अंकन अर्धचंद्र में अद्वितीय, अंकन अर्जुन के अर्धचंद्र अद्वितीय।

अर्जुन अर्धचंद्र अंकन में अद्वितीय आकारित,

अर्धचंद्र अंकन अर्जुन अद्वितीय आकारित।

##

अनिता की अद्भुत अध्यापिका अनुशासनी, अद्भुत अध्यापिका अनुशासनी अनिता की,

अनिता का अध्यापिका अद्भुत अनुशासन से आदर्श, अध्यापिका अनिता की अद्भुत अनुशासनी।

अनिता अध्यापिका की अद्भुत अनुशासन सीखे,

अध्यापिका अनुशासनी अनिता अद्भुत सीखे।

##

अभिषेक के अभिनव अभ्यास अभिराम, अभिनव अभ्यास अभिराम अभिषेक के,

अभिषेक का अभ्यास अभिनव अभिराम, अभिराम अभिनव अभ्यास अभिषेक का।

अभिषेक अभ्यास अभिनव अभिराम आचरित,

अभ्यास अभिनव अभिराम अभिषेक आचरित।

##

अंकित के अनोखे अंजीर अंजलि अर्पित, अनोखे अंजीर अंजलि अर्पित अंकित के,

अंकित के अंजीर अंजलि अनोखे अर्पित, अर्पित अंजलि अनोखे अंजीर अंकित के।

अंकित अंजीर अंजलि अनोखे अर्पित,

अर्पित अंजीर अंजलि अनोखे अंकित।

##

ओजस्वी ओड़िशा ओरछा ओवरलैप ओल्टा ओंकार ओष्ठ,

ओड़िशा ओरछा ओवरलैप ओल्टा ओंकार ओष्ठ ओजस्वी,

ओरछा ओवरलैप ओल्टा ओंकार ओष्ठ ओजस्वी ओड़िशा,

ओवरलैप ओल्टा ओंकार ओष्ठ ओजस्वी ओड़िशा ओरछा।

##

इश्क़ इमारतों में इतराता इंद्रधनुष इंकार इशारों,

इमारतों में इतराता इंद्रधनुष इंकार इशारों इश्क़,

इतराता इंद्रधनुष इंकार इशारों इश्क़ इमारतों में,

इंद्रधनुष इंकार इशारों इश्क़ इमारतों में इतराता।

##

एक एली एस्प्रेसो एंगल एडवेंचर एक्सचेंज एंटीक एटमॉस,

एली एस्प्रेसो एंगल एडवेंचर एक्सचेंज एंटीक एटमॉस एक,

एस्प्रेसो एंगल एडवेंचर एक्सचेंज एंटीक एटमॉस एक एली,

एंगल एडवेंचर एक्सचेंज एंटीक एटमॉस एक एली एस्प्रेसो।

##

ओजस्वी ओखली में ओस ओढ़े ओटले ओंठ ओर ओर,

ओखली में ओस ओढ़े ओटले ओंठ ओर ओर ओजस्वी,

में ओस ओढ़े ओटले ओंठ ओर ओर ओजस्वी ओखली,

ओस ओढ़े ओटले ओंठ ओर ओर ओजस्वी ओखली में।

##

अखिलेश की आँखों का अद्भुत अक्स

अद्भुत अक्षरों का अविष्कार अनूठा,

इत्र की इबारत में इंचित इतिहास

इंद्रधनुषी इरादों का इशारा इठलाए।

##

ओझल ओमकार ओने पोने ओटले पर, ओढ़नी ओड़ी ओर ओंगना ओर,

ओमकार के अंजीर अंजलि अनोखे अर्पित, अर्पित अंजलि अनोखे अंजीर ओमकार के।

ओले पड़े ओखली में, ओष्ठ ओठों पे ओरछन की ओर,

ओरछन की ओर ओले पड़े ओखली में, ओष्ठ ओठों पे ओर।

##

अनुपम उमा के अंगने उमंग,
इंदु के इंगित में इठलाते इशारे,
उत्सव में आयोजित अनोखी आवाज,
ऐश्वर्य की आराधना में औजारे।

##

अक्षय के अक्खड़ अक्सर अटके,
इक्के दुक्के इश्क में इजाफा,
उत्तर में उच्चारित उद्धार के उद्घोष,
औरों के आइडिया, ऐब आपके।

##

अंजन में अंजलि का अजब अंदाज,
इष्ट के इशारों पर इधर बढ़े,
उज्ज्वल उम्मीदों का उजियारा उत्साह,
एक्स-रे में एक और एहसास।

##

अजगर की आदत अनुसार अजीब,

इंच इंच उपर उठता आइवी,
उष्णता का उल्लास उलझाए उम्र,
ऐंठन ऐसी, औचित्य अपने ईशान।

##

अर्जुन के अर्जित अर्घ्य की आस,
इजहार की इल्तिजा में इबादत,
उल्लू की उलझन उल्फत में उलझी,
एक्सीलेंस की एग्जाम में एक्साइटेड।

##

अंबर के आकाश में उड़ते अकेले,
इंद्रधनुष के इर्द-गिर्द इठलाते ईगल,
उद्यान में उल्लसित उपवन की उमंग,
एंटीना पर ऐंठते, और एहतियात अंगीकारे।

##

अक्षत अनाज के अक्स, अलंकारित अवसर पर,
इत्र की इबारत में इंचित इतिहास,
उम्मीद का उल्लेख उपकार में उत्कृष्ट,
औषधि के आँगन में ऐश्वर्य की एकाग्रता।

##

अजीत का अजर अमर अतिशयोक्ति,
इंदु की इमारत में ईमानदारी की इकाई,
उपग्रह के उपकरण उद्धार के उपाय में,
एकलव्य की एकांतिक एकता एकाधिकारी।

##

अब्दुल के आवास में अवध की आरती,
इकबाल के ईदगाह में इकरार की इम्तिहान,
उस्मान के उत्थान में उल्लू के उत्पात,
ऐयारी के औजार से एवं ऐंद्रजालिक औद्योगिकता।

##

अक्षर की आधारशिला आदित्य के आंगन में,
इश्क़ में इंसानियत का ईमान इतराता,
उमर की उलझनें उपहास में उलझीं,
एकांत के एहसास में ऐक्य की एहतियात।

##

अंशुल के अनुराग में अजीत और अरमान,
इकदम इश्क़ में इज़ाफ़ा, इत्मीनान का इम्तहान,
उड़ने दो उम्मीदों को उत्साह के उद्यान में,

एहसासों की एथलेटिक्स में ऐश्वर्य की आशा।

##

आकाश के आँखों में अंकित अजीबी,

इशारों की इंद्रधनुषी इंद्रजाल से,

उम्मीदों का उत्कर्ष उल्लेखनीय उत्कृष्टता,

एवं ऐंद्रजालिक औपचारिकता ऐयाशी की अंगड़ाई।

##

अभिनव के आलोक में अभिराम के अनुशासन,

इच्छाओं की इमारत उठती इतिहास के इन्हार पर,

उल्लास की उड़ान उत्सुकता के उमंग में,

एक ऐश्वर्यान्वित आदमी का एहसान एहतियाती।

##

अनिकेत की आँखों का अद्भुत अक्स,

इंदीवर के इश्क़ में इक इल्तज़ा,

उपकार की उम्र में उपयोगी उपकरण,

और ऐश्वर्य से भरी और की आस।

##

अर्पण के अनुपात में अनुरीता की अदालत,

इशारे इस इफ़रात में इक इनायत,
उपहारों की उज्ज्वल उत्पत्ति उपवन में,
एकाग्रता की एकता में ऐक्य का एहतराम।

##

अद्वितीय अनुभव के अवयव अंशुमान में,
इक्षुक इच्छाएँ इंदिरा के इर्द-गिर्द,
उत्कट उपक्रमों का उत्साह उद्यम में,
ऐन्द्रिक औज़ारों के ऐहतमाम में ऐतिहासिक औरत।

##

अरविंद की अधूरी आरजू,
इरफान के इरादों का इकराम,
उज्जवल उमंग में उदय की उदात्तता,
एकांकी ऐंद्रजाल में ऐंठन का अंदाज।

##

अमित की अटल अभिव्यक्ति,
इंदु के इन्द्रधनुषी इतिहास से,
उद्घाटन की उत्कृष्ट उपलब्धियाँ,
औषधीय औकात में एकता के एहसास।

##

अश्विन के अनुसंधान में अलंकार,
इकबाल की इच्छाओं का इम्तेहान,
उपेक्षित उत्तरों का उल्लेख उम्र भर,
एनजीओ के एहतमाम में ऐसी अनूठी अदा।

##

अंजलि के अंकुरित अरमानों में,
इलाज के इंतजार में इनायती इश्क,
उपक्रम की उम्मीद में उत्सुक उपज,
एकांत की एड़ियों में ऐंठी ऐतिहासिकता।

##

अविनाश की अजीब अदालत में,
इंसाफ की इकाई इमरोज़ के ईशान में,
उत्सव की उलझनों में उजाले का उम्मेद,
एकतरफा एहसासों का ऐक्य और एथलीट की एहतियात।

##

अंकित के अनोखे अनुराग में,
इंगित के इलाके में इक्का इकतरफा,
उत्तर की उदासीनता उपहार में उलझी,

एकाधिकारी एहसास का ऐंगल एकल।

##
अर्पित के अखंड अनुष्ठान में,
इंद्रधनुष के इश्क में इन्द्रजीत,
उच्चारण की उम्मीद में उदार उपाय,
एकाग्रता के एहसास में ऐनक की आवश्यकता।

##
अनुराग की अवधि अनंत में,
इष्टतम इच्छा की इमारत इमाराती,
उपयुक्त उत्पादन के उल्लेखनीय उद्धरण,
एकता के औचित्य का ऐतिहासिक एहतमाम।

##
अभिषेक के अभ्युदय में अभिलाषा,
इतिहास के इशारों पर इच्छित इनाम,
उद्धार की उत्कण्ठा में उल्लासित उजाला,
एयरपोर्ट के एग्जिट पर एक्सप्रेस की एंट्री।

##
अक्षर के आकाश में अक्षय की आकांक्षाएं,

इकाई के इरादे में इंजीनियर की ईज़ाद,
उम्र के उत्सव में उदासीन उपहास,
औज़ारों की आदत में अज्ञात एकाधिकार।

##

अध्ययन की अधिकता में अदिति का अधिकार,
इंदु की ईर्ष्या में इष्टिका का इंद्रधनुष,
उष्णता की उद्वेग में उमंग की उद्बोधन,
एकाकी एक्सपीरियंस का एंडोर्समेंट एवरेस्ट पर।

##

अनूप के अनुग्रह में अनुष्का के अनुरोध,
इशान के इरादों में इत्मीनान की इम्तिहान,
उड़ान की उम्मीदों में उम्मीदवार का उत्कर्ष,
एकांत के एवेन्यू में ऐंचंटेड की ऐक्यूमेन।

##

अभिजीत के आलोक में अभिरुचि के अंकुर,
इश्क की इबादत में इजाजत के इम्कान,
उपग्रह के उल्लेख में उच्चारित उत्पाद,
एवियेशन के एंगल में एक्सपर्ट की एकता।

##

अंकुर के अवसान पर अर्चना की आराधना,
इन्द्रधनुष की इमारत में ईश्वर की इच्छा,
उपकार की उदात्तता में उम्दा उपस्थिति,
ऐसे अद्वितीय आयोजन में आध्यात्मिक औरंग।

##

अवनीश के अवसर पर अविनाश के अनुबंध,
इनायत की इबारत में इंतज़ार का इंजाम,
उज्ज्वल उपहारों के उल्लेख में उल्लास,
ऐरावत की आकृति में आयोजित आयोजन।

##

अक्षर के आकर्षण में अजीत की अक्कड़,
इकाइयों के इशारे पर इमारती इमली,
उत्कृष्ट उपस्थिति की उम्मीद में उत्तम,
एकाग्रता की एड़ी में एहतियाती एलान।

##

अर्पण के अनुरोध में अनुपमा का अनुपालन,
इतिहास के इर्द-गिर्द इत्र का इंतजाम,
उलझनों की उल्लासित उद्घाटन में उत्कर्ष,

एकलव्य की एकता में एंटीक का एहसास।

##

अभय की आक्रमणकारी अदाओं में अक्समात,
इष्ट की इमारतों में इकबाल का इशारा,
उदासी के उत्कर्ष पर उल्लिखित उमंग,
एनर्जी की एयरलाइन में एक्सोटिक एक्सट्रीम।

##

अंबर के आशियाने में अनुराधा की अदालत,
इन्द्रजीत के इनाम में इंद्रधनुषी इंद्राणी,
उड़ान की उदात्तता में उम्मीद का उल्लेख,
एथलेटिक्स की एवेन्यू में एवरेस्ट की एकजुटता।

##

अक्षय के आवरण में अनिकेत का आवेदन,
इंजीनियर के इरादे में इकाई की ईक्विटी,
उपकार की उपयोगिता में उल्लसित उत्कोच,
एकाधिकार की एहतियात में एंबुलेंस की आवश्यकता।

##

अखिल के अध्ययन में अक्षत के अक्षर,

इंदु की इच्छा के इशारे इत्यादि,
उष्ण उत्सव की उम्मीद में उत्कृष्ट,
एन्क्लेव की एकता में एथलीट का ऐतिहासिक आयोजन।

##

अर्जुन के अर्घ्य में अनिल के अंगार,
इजाजत के इलाके में इष्टतम इक़ाल,
उपग्रह के उपक्रम में उपजी उल्लासिता,
एकांत की एकाग्रता में एकलव्य की एकीकरण।

##

अभिज्ञान की आवाज़ में अभिनव के अनुसार,
इश्क की इमारत में इरादों का इम्तहान,
उद्यम के उत्साह में उत्थान का उल्लेख,
एकत्रित एनर्जी में एक्सक्लूसिव एक्सपोज़र।

##

अतुल की आँखों में अर्चिता के आँसू,
इन्द्र के इंटरवेंशन में इन्द्रियों का इलाज,
उम्दा उत्पादों की उपलब्धि उज्ज्वल,
एवं ऐसे ऐतिहासिक आयोजन की अविस्मरणीय अवस्था।

##

अमर के अंकुरण में अनुराग का अध्यात्म,
इन्दुमती के इंतज़ार में इन्दु का इश्क,
उत्सुकता के उपक्रम में उपजाऊ उत्तर,
एकाग्रता की एकाधिकारिता में एकमात्र एहसास।

##

अखंड अंतरिक्ष के अजीत अनुरोध,
इंडस्ट्री के इंजन में इच्छित इकाइयाँ,
उद्योग के उद्धार में उपयुक्त उत्पादन,
एवं ऐंड्रोमेडा के एडवेंचर में एडजस्टमेंट की एग्जिट।

##

अवध के अवसर पर अविरल की आवश्यकता,
इज्जत के इम्तिहान में इनायत का इतिहास,
उल्लास के उद्यान में उत्सव का उपकार,
एक्शन की एकांश में एकल का ऐतबार।

##

अंशुल की अध्यक्षता में अंजुम की अर्जी,
इनकम के इंद्रजाल में इंडेक्स की इनामी,
उत्तरण की उलझनों में उदार का उत्तर,

एक्सपेंस की एनक्लोजर में एक्सपर्ट की एकादश।

##

अंबर के आँगन में अभिमन्यु का अर्पण,

इकरार के इंतजाम में ईशान की ईद,

उल्लेख के उत्स में उदित का उद्धार,

एग्जाम के एहसास में एकलव्य का एतबार।

##

अदिति की आवाज़ में अरुण के अफसाने,

इरफान की इबारत में इंद्रधनुष की इकाई,

उजाले की उदासी में उष्णता का उपचार,

एक्सप्रेस की एयरवेव में एरियल की एडवेंचर।

##

अनुराग के अवलोकन में अखिल का अद्भुत,

इमरोज़ के इन्द्रप्रस्थ में इश्क़ की इम्तिहान,

उत्कर्ष की उमंग में उपमा का उद्घाटन,

एथेंस के एंटिक्स में एक्सोडस की एक्सटेंसी।

##

अपर्णा के आलोक में अविनाशी का अनुग्रह,

इष्ट की इच्छाओं में इश्क़ का इतिवृत्त,
उम्मीद के उजालों में उत्सव का उत्कर्ष,
एनक्रिप्शन के एवेन्यू में एकत्व का एडवोकेट।

##

अनीश के अभियान में अभिरुचि के अश्व,
इंदीवर की इकाई में इंजीनियर का इजाफा,
उल्लासित उच्छ्वास में उपक्रम का उत्साह,
एकाक्षरी एल्बम में एशिया की एकलौती।

##

अतुल की अर्चन में अतीत का अजर,
इरादों की इमारत में इंडिया का इंसाफ,
उत्पत्ति के उद्भ्रम में उमर की उम्मीद,
एक्सोडस के एहतमाम में एकीकृत एकांत।

##

अंकिता के अंदाज़ में अनिकेत के अरमान,
इंदु के इरादे में ईरानी की ईमानदारी,
उड़ान की उड़ान में उम्मेद का उत्साह,
एथलेटिक्स के एजेंडा में एनालिसिस का एंगल।

##

अभय के अंबर में अर्चना का आवाहन,
इज़्ज़त के इम्तिहान में इनायत की इंतहा,
उम्मीदवार की उलझन में उम्मीद का उपकार,
एंकर के एपिसोड में एलोकेशन की एकताल।

##

अख्तर के अक्षर में अक्षय का अनुकूलन,
इन्सुलिन की इकाइयाँ इंतजार करती इकतरफा,
उद्घोष की उदारता में उत्सुकता का उत्कर्ष,
एकांत के एवेन्यू में एकाधिकारी एकत्रित।

##

अंजुम की अर्ज़ी में अनुरहा का अर्पण,
इंदिरा के इंडेक्स में इंद्र की इच्छापूर्ति,
उत्साह के उपग्रह में उद्यम का उद्धार,
एकांत सागर के एथलीटों में एक्सट्रीम का एवज।

अंत- एक नयी शुरुआत

अब हम इस रोमांचक शब्दों की ताडम-ताड़ी के अंतिम अध्याय पर पहुंच चुके हैं। यह समय है उन चुनौतियों पर विचार करने का, जो आपने पार कीं, उस प्रगति को देखने का, जो आपने हासिल की, और उस असीम क्षमता को पहचानने का, जो हम सभी के भीतर छुपी है। इस पुस्तक में, हमने दमदार टंग ट्विस्टर्स के संसार में प्रवेश किया, बोलने की स्पष्टता और भाषा की कला को समझा। लेकिन यह अंत नहीं है, यह तो एक नई शुरुआत है, संचार में अद्वितीय उत्कृष्टता की ओर आपकी यात्रा जारी रखने का निमंत्रण।

इस पुस्तक के माध्यम से, आपने उन बोलने की चुनौतियों का सामना किया है, जिन्होंने आपकी स्पष्टता, उच्चारण, और नियंत्रण की सीमाओं को परखा। आपने दमदार टंग ट्विस्टर्स की बारीकियों को गहराई से समझा, अपने कौशल को निखारा और उन सीमाओं को पार किया, जिन्हें आपने कभी असंभव माना था। लेकिन यह आपकी यात्रा का सिर्फ एक पड़ाव था।

इस शब्द-कला की यात्रा पर चलकर, आपने अपने जीवन में आगे बढ़ने की भूख, ज्ञान की प्यास, और अपनी शब्दों की पकड़ को सुधारने की प्रतिबद्धता को पहले ही दिखा दिया है। आपने शब्दों की जटिल राहों पर कदम रखा, कठिन शब्द संयोजनों से जूझा, और अपने बोलने वाले अंगों के समन्वय का अभ्यास करते हुए अपने भीतर छिपे वक्तृता के असाधारण कौशल को उजागर किया।

अब, दमदार टंग ट्विस्टर्स के उपकरण, तकनीकें, और संग्रह से लैस होकर, आप इस यात्रा को जीवनभर की प्रतिबद्धता में बदल सकते हैं। अभ्यास, धैर्य और भाषा की उत्कृष्टता के प्रति आपका जुनून आपके मार्गदर्शक बनेगा, क्योंकि आप अपनी क्षमताओं को निखारते रहेंगे और वक्तृता के शिखर के करीब पहुँचते रहेंगे।

इस पुस्तक के प्रत्येक अध्याय में एक गहरी सीख है, सीख जो केवल टंग ट्विस्टर्स को सीखने तक सीमित नहीं है। यह सीख है धैर्य की, दृढ़ता की, और उन सीमाओं को पार करने की, जो आपने कभी अपने लिए तय की थीं। जब भी आप किसी जटिल वाक्यांश पर अटकते हैं, उसके शब्दों कठिनाइयों में उलझते हैं, तब आपके पास चुनौतियों से ऊपर उठने और नई स्पष्टता और ताकत के साथ उभरने का मौका होता है। इन्हीं क्षणों में आपकी प्रगति एक नया आयाम हासिल करती है।

यह अंत नहीं है, बल्कि एक नई शुरुआत है, अपने शब्दों की ताकत को और निखारने की, और अपने बोलने की शक्ति की यात्रा को अगले स्तर पर ले जाने की। आप आगे बढ़िए और इस अनुभव को अपने जीवन का हिस्सा बनाइए। सफलता आपकी प्रतीक्षा कर रही है।

निर्माण

लेखक - अंशुमान शर्मा

अंशुमन एक उद्यमी और निवेशक हैं और उन्होंने कई सफल कंपनियों को आगे बढ़ाने में महत्वपूर्ण भूमिका निभाई है। उन्होंने विभिन्न क्षेत्रों में कई लाभदायक कंपनियां बनाई हैं। वह कई अन्य संगठनों के विकास का समर्थन करने में भी शामिल है। व्यवसाय में, उनकी रुचि अत्याधुनिक प्रौद्योगिकियों और नवीन सेवाओं में है।

उनके मार्गदर्शन ने कई व्यापारियों, निवेशकों और उद्यमियों को अपने उद्देश्यों में सफल होने में मदद की है। उन्होंने कई entrepreneurship और इन्क्यूबेशन सेंटर्स को भी आगे बढ़ाया है।

लेखिका - नीलम पाठक

नीलम एक अंतर्राष्ट्रीय प्रकाशित लेखिका, प्रबंधन सलाहकार और मानव संसाधन प्रबंधन और संचार कौशल में विशेषीकृत कॉर्पोरेट प्रशिक्षक हैं। उन्होंने मानव संसाधन के प्रदर्शन को बढ़ाने में सहायता के लिए प्रमुख अंतरराष्ट्रीय ब्रांडों के साथ काम किया है। वह भारत में स्थित एक व्यक्तित्व विकास संस्थान 'कन्वर्सेशनल स्किल्स' की निदेशक हैं।